結果請負人が教える
大企業向け新規事業立ち上げメソッド

大企業×事業創造の神髄

前出貴則
MAEDE TAKANORI

幻冬舎MC

大企業×事業創造の神髄

―結果請負人が教える大企業向け
新規事業立ち上げメソッド―

はじめに

　みなさんがご存じのように、長い期間にわたって日本の経済成長が鈍化し、多くの大企業が成長戦略として、積極的に新たな事業創造に挑むようになりました。ただし、ほとんどが上手くいっていません。こういった状況を受け、巷では「柔軟性に欠け、リスクヘッジを重視する大企業に新たな事業は創れない」が定説になりつつあります。

　かつて大手コンサルティングファームの戦略部門に所属していた私も、多くの大企業の新たな事業創造を支援していくなかで、その難しさを何度も痛感しました。新たな事業創造は、やればやるほど興味深く、自分のキャリアを捧げる領域として相応しいと思えた一方で、大企業で成すには壁が高く、奇跡的な確率でさまざまなピースがタイミングよく揃わないと実現できないことであると感じたのです。

　そこで、新たに事業を興すということを体現・体感したかった私は、大企業を支援する戦略コンサルタントの立場から、スタートアップ経営者という立場に転身しました。

スタートアップとしての働き方は実に軽やかでした。日常の業務において、わざわざ資料を作り込み誰かに何かを説明する必要はまったくありません。形式的な長い承認フローもない。そもそも同じ志を持っている同世代の者で集まって働いているから、人生観や仕事に対する考え方の根本が同じです。つまり、話が早い。自分たちのリズムで、自分たちが思うように事業創りを進めることができました。

スタートアップを続けていると、嬉しい意外性にもよく出会います。思いがけない顧客の一言で心が弾んだこともあれば、突然に国際的なアワードの受賞を知らされたこともありました。大企業との契約が一気に成立したことで売上が急増したという嬉しいサプライズも。あっという間の5年は、今思い出してもスリリングな日々でした。

楽しみながら事業創造に没頭し、実生活としては寝る間もないほどに働いていたスタートアップ経営者の一人として気がついたことがあります。それは新たな事業創造における大企業の優位性です。あれほど相性が悪いと思っていた「大企業×事業創造」の組み合わせは、実はベストな組み合わせだったのです。

大企業は、設立から長い時間をかけ、気が遠くなるほどの労力と投資を重ね、多くのことを成し遂げてきました。だからこそ、事業創造において、大企業にしか狙えない大きな領域があるのです。そして、大企業はしばしば鈍重な存在と見なされますが、それはまったくの間違いでした。事業創造において、大企業にしか出すことができない圧倒的なスピードが存在します。ウサギと亀の昔話で例えれば、どこからどう見ても大企業がウサギのほうです。油断さえしなければ、勝者は大企業です。スタートアップを体験し、ようやくこのシンプルな真理にたどり着くことができました。

大企業は、高い確率で新たな事業創造を成功させることができます。では、なぜ、多くの大企業が事業創造において失敗を繰り返しているのか？　それは、大企業であるにも関わらず、スタートアップが目指すべき領域を目指しているからであり、さらに言えば、大企業としての特性や大きな既存事業の存在を上手く扱えずに立ち上げ業務を進めるからにほかなりません。

大企業とスタートアップは、まったく異なる構造体です。別物です。大企業も、それを支援するコンサルタントも、これが理解できていないのです。

自身が最も輝ける場所を選び、そこで輝くことが戦略論の基本ですが、大企業の事業創造の多くが、自身が苦手な場所を選び、そこでくすぶり続けているイメージです。大企業にしか狙えない領域を、大企業に相応しいやり方で狙えば、まったく異なる手ごたえが返ってくるはずです。

振り返れば、私のビジネスキャリアはモバイル激動期のNTTドコモから始まりました。

たった数年の間に目まぐるしく事業ＫＳＦ（重要成功要因）が変わり続けていた時代。顧客はビジネスパーソンから家族に、さらに子どもからシニアにまで広がり、売り方は割賦販売に変わり、販売端末は目まぐるしく高機能化が進み、気がつけば多種多様なガラケーから限られた一部のスマホに移行しました。

値下げを軸とした競争を行っていたために、契約回線を増やすという本業において他社とし烈な競争を続けながら、もう一方では、収益確保を目的としたコストカットと新たな稼ぎ方の模索が続けられていました。しかし、新しい取り組みを進めようとするたびに、大企業ならではの各所からの大きな反発が生じます。

深夜に関係部門と白熱のコミュニケーションを取ることもあれば、効率化を目指した大きな取り組みの開始にあたって、全国の支社から丸一日にわたって、ひたすらに不満を頂戴するミーティングも体験しました。全国のドコモショップを対象にしたある新たな取り組みが上手くいかずに、支社・支店からの問い合わせ電話が鳴りやまなかったことも。別の新たな取り組みでは、全国のドコモショップスタッフから、読み切れないくらいの量の怒りが滲んで見える改善要望が届きました。

日本有数の官僚的組織が必死に時代を追いかけている、そんな構図です。この時代に積み上げた成果は後々には大きな収益を生み出す財産として評価されますが、当時はただただ無我夢中で走り続けるのみの日々でした。

思い出話は尽きませんが、私のキャリアはこういった環境から始まっているため、大企業で新しいことを成し遂げる大変さは十分に理解しているつもりです。一方で、そんなリスクヘッジ志向で動きが重い大企業も、徐々に各組織が腹をくくり始め、共通のゴールがセットされると、いつしか皆が前だけを向くようになります。

一人一人が全力で走りながらさまざまな調整を繰り返し行うことでさまざまな歯車がかみ合いだし、最後は倒れ込むように日本全国に一気に新しいものを展開するという大企業の強さを何度も味わいました。したがって、大企業に属するすべての人は、本当は知っているはずです。大企業の底力を。大企業が秘めた力を出しきれば、新たな事業創造などできないわけがないということを。

私は、現在、事業創造支援を主領域としたブティックファームを設立し、代表コンサルタントとして、主に大企業の事業創造をテーマにしたチャレンジを自分自身のチャレンジとして支援する日々を続けています。

多くのコンサルタントが年を重ねると、最前線を去り、顧客との関係強化や、若手コンサルタントの採用、育成、アサイン、評価などに時間を割くようになる中で、私は今も最前線で、事業創造プロジェクトという、コントロールが難しいハンドルを握り続けています。

最前線に立っていると、大企業が犯す誤り、それを助長する戦略コンサルタントの様子がよく見えます。理由は後述しますが、戦略コンサルタントと事業創造を支援するコンサルタントは別の職業です。

私はスタートアップを経験し、泥だらけになって事業創造のリアルや根本を学びました。その過程で、大企業の特性や優位性を強く実感できたことで、戦略コンサルタント時代とは考え方、プロジェクトのアプローチが変わり、今は、その当時とはまったく違う手ごたえを持ってプロジェクトを支援できています。大企業単独での事業創造はもちろん、事業創造を目的とした大企業同士の業務提携、大企業のスタートアップ買収等々、自身が深く関わるすべてのプロジェクトを成功裏に導けていると自負しています。

いつの時代も、対象が何であれ、本質とは非常にシンプルなものです。大企業という構造体を理解し、その特性を知れば、自ずと大企業が事業創造において狙うべき領域と、採るべきやり方が決まります。それを基本に据え、やるべきことを進めていけば、大企業は新しくて大きな事業創造を高い確率で成し遂げられるでしょう。

私は、失われたX年という言葉が心底嫌いです。自分が生きる時代を、〝失われた〟と表現されることを受け入れることができないのです。自分たちが存在する今この瞬間においても、新たな成長が生まれている社会であってほしい。大きな事業が連続的に生まれ、豊かに過ごす人が増える社会作りに貢献したい。そんな思いがあります。

新たな事業を創るという行為は、当該企業にとっても、社会にとっても、希少性の高い行為です。事業創造の達成の連続が企業を魅力的に、社会を豊かにしていきます。社会に対して大きな影響力を持つ大企業に属する方々が、正しい知見を持って、新たな事業を創り上げ、社会を豊かにしていく。そんな流れを創り出す一冊になればと願い、本書籍をまとめることとしました。

目次

2章

大企業×コンサル＝最悪

3章

大企業だけが持つポテンシャル

4章 成功する大企業の事業創造

5章

より効果を発揮するための事業創造方法論

1章

大企業が繰り返す茶番劇の正体

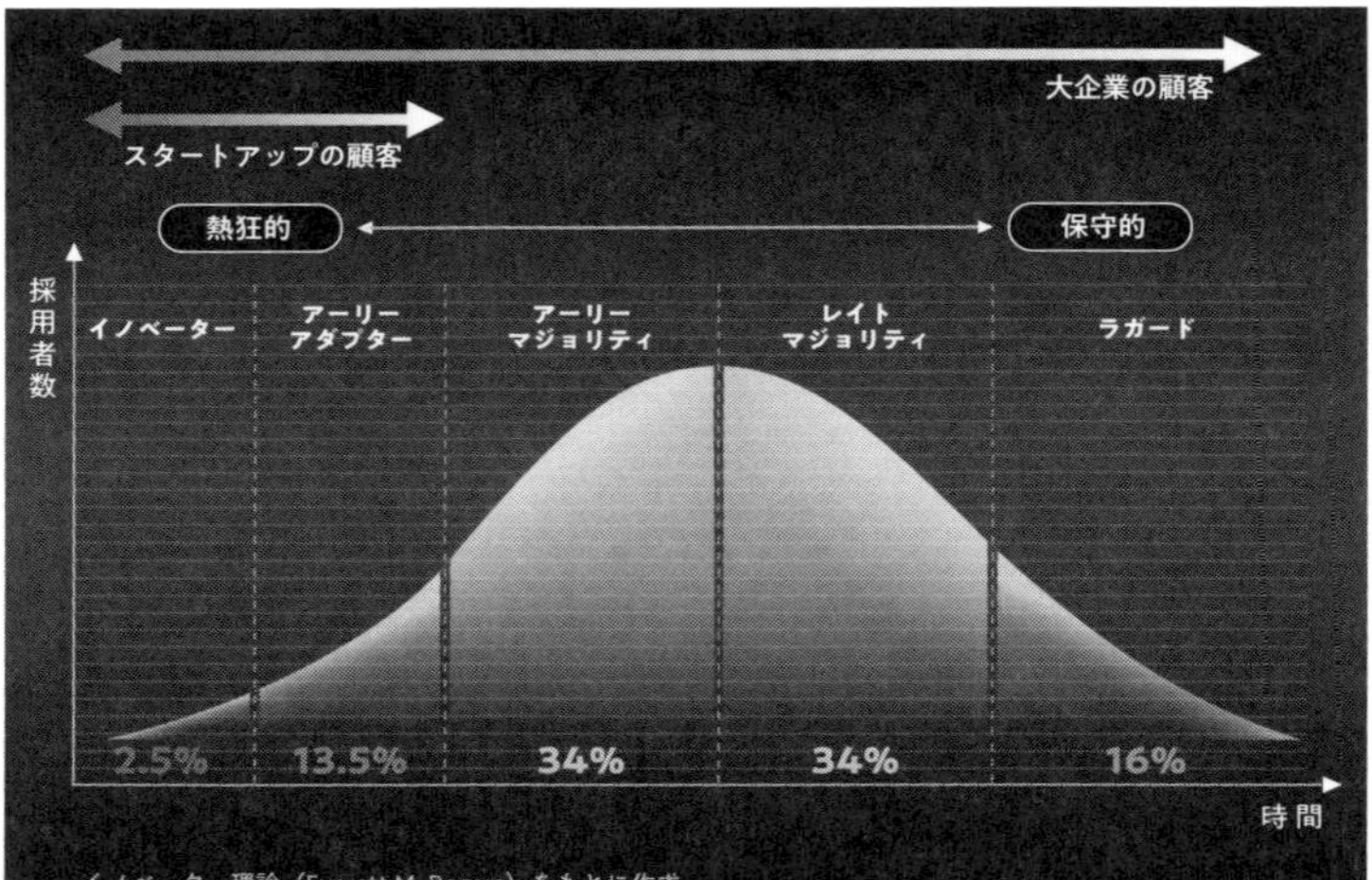

イノベーター理論（Everett M. Rogers）をもとに作成

この章では、大企業の特性を共有した上で、大企業における新たな事業創造のやり方や狙うべき領域選択の間違いを指摘していきます。

大企業のステージ

大企業とは何か。

もちろん、さまざまな定義がありますが、ここではイノベーター理論を基に説明します。イノベーター理論とは、新製品などの市場における普及の過程を示したもので、それぞれの普及段階での採用者をイノベーター・アーリーアダプター・アーリーマジョリティ・レイトマジョリティ・ラガードという5つのグループに分類しています。

大企業とは、図の右側に位置するラガードまでを顧客とする企業を指します。図の左側に位置するイノベーター、アーリーアダプターは、対象の製品・サービスを熱狂的なファンとして使いこなし、ポジティブな要素を強調してくれるユーザー層になります。一方、ラガードはリテラシーが低く、保守的な気質を持っている層で、ここまでを顧客とすることで、顧客の数は膨れ上がり、社会に与える影響が大きくなるのです。多くの企業がビジネス規模を大きくしたいと考えるのですべての層を取り込むことを目指しますが、ラガードまでを顧客とすることで、事業内容によっては、自社が作ったサービス、スキームを悪用する人たちも現れる等、事業の様相、取り巻く環境が異なってきます。新たな法整備に発展する場合もあります。

私が属したNTTドコモも、幾度となくケータイ不正利用者への対応を行っていますし、大きく育った消費者向けサービスは皆体験していることです。これは大企業が行う事業ならではの特性と言えるでしょう。

スタートアップとして事業を始めたときは、ポジティブな要素を強調してくれる一部のファンだけが強く愛してくれている状態だから、聞こえてくるのは共感の声ばかりです。企業側も心を躍らせ、ファンの期待に最大限応えようと夢中でサービスを作り上げていきます。

楽しい時間であり、スタートアップの魅力のひとつでしょう。

ただ、事業が成功すればするほどに、この時間は長く続きません。サービスが次第に広まるにつれて、顧客の数や属性が大きく増えていき、批判の声も届くようになります。そしていつからか、遅れて顧客となったラガードたちの反応に神経を尖らせ、さらには社会の影響まで配慮しなくてはならなくなるのです。こうして、一部のファンだけに愛された尖りが徐々に角度を失い始め、気がつけばできるだけ多くの人が好む、丸いものが出来上がるようになります。

それを洗練されたと見なすか、大衆迎合と否定的に見なすかは見方次第ですが、事業を大きくしたいと願うのならば、選択肢が他にありません。つまらない話に聞こえるかもしれませんが、これが企業における正しく真っ当な成長プロセスです。

この流れを踏まえ、大企業は今一度、自分たちが立つステージを確認する必要があります。大企業とは、正しい成長プロセスを突き進みラガードまでを対象にしている社会的影響の強い企業です。だからこそ、意思決定に際して、慎重な態度が好まれるのは当然です。

イノベーター、アーリーアダプターだけを顧客に持つスタートアップにおいて、すぐに動くことは「正」ですが、社会は大企業が思いつきで意思決定し、自分たちが振り回されることを望んでいませんし、そうならない仕掛けを張り巡らすことにしています。また、スタートアップは、尖りなしでは埋もれてしまい生き残れませんが、大企業は尖りではなく丸みを強調することが「正」になります。

このように、大企業は一部のファンとともにひたすらに前に進めばいいスタートアップとはまったく異なるステージに立っているのです。まずは、この理解の共有から始めていきます。

巨大な資金は「他人のお金」

大企業が慎重な意思決定をせざるを得ない根本的な原因がもう一つあります。大企業は基本的に他人のお金を使って経営されている、ということ。これは重要な事実です。

「大企業にはお金が多くあって、スタートアップにはお金がない」。これが一般的なイメージです。もちろん、本当のことですし、特に初期のスタートアップにおいて、資金を気にかけずに活動できることなんて夢の世界です。

基本的にスタートアップは、自らの生活のための報酬・資金を確保しつつ、自己資金による投資から事業創りを開始する必要があります。難しい局面ですが、ここを乗り越えなくては前に進めないのです。一方、大企業の事業創造担当は、前述の「夢の世界」を前提に活動を開始できます。自らの生活を心配する必要がまったくありません。

ただ、大企業が持つ多額のお金は他人のお金であり、額はさておきスタートアップが持つお金は自分のお金です。自分のお金であれば、事業創造初期段階の何の根拠も実績もない時期であっても、自己責任を前提に、自らの直観に任せてお金を使うことができます。そもそも、スタートアップは投資し事業を創らなければ自身の存在目的を満たすことができないので、積極的な投資が是とされるのも当然です。

ここで、大企業側に話を戻します。さきほど、大企業は他人のお金で成り立っていると言いました。したがって、他人のお金を使うためには、誰から見ても合理的である理由が求められ、不確実な投資は許されません。事業創造初期だからといって判断基準が甘くなることもないのです。また、すでに多くの資金を持つために、さらにお金を使って損をしてしまう確率と、お金を使わずに現状を維持することのどちらが合理的か、という難しい判断も迫られます。

このように、大企業はスタートアップと異なり、「今は何もしない」「お金を使わない」という選択肢が合理的である場合も現実として大いにあり得るのです。他人のお金を非合理に減らすことへの批判に比べれば、成長意欲に乏しいという声など優しく聞こえるでしょう。考えてください。持つお金が自分のお金であり、「使わない」という選択肢がないスタートアップと、持つお金が他人のお金であり、「使わない」という選択肢も持ち得る大企業を比較すると、新たな事業創造において、どちらが積極的となるでしょうか。もう答えるまでもありませんね。

こういった背景を踏まえ、大企業の決裁スキームは慎重に判断されやすい合議制となっています。合議制はリスクヘッジに重きを置いた仕組みであり、こういった仕組みがないと、投資家は安心して自分のお金を預けることができません。

私自身、大企業の実務者が一つの承認を得るためにかけている苦労と時間をよく理解しています。NTTドコモでいくつもの長い承認プロセスを体験したからです。フローを回すボタンをクリックするまでに、何人の方に何回の説明が必要だったかは、思い出したくもありません。多くの関係者、意思決定者と日程を調整し、資料の一言一句を説明し何度も更新しながら合意に至り、ようやく承認フローを回し始め、何度も何度も承認の進み具合をじっと見つめる。承認を得られたときは歓喜していたものです。

当然、この承認フローを重く感じたことは、一度や二度ではありません。ただ、他人のお金を、しかも額の小さくないお金を使うためのプロセスだと考えれば、合点がいきます。大企業の経営層は非常に大きな裁量を持つ人として従業員と対峙する一方で、合理的な運用者として本当の意思決定者であるお金の持ち主たちと対峙しているのです。

経営層は絶えない成長が求められているため、経営層が率先して大胆な新しい事業創りに励む方針を打ち出すケースが多くあります。ただし、その新しい事業は、本当の意思決定者たるお金の持ち主に説明ができ納得してもらえる、確実なリターンが保証されているようなものであることが前提になっているのです。

非オーナー経営者とは、多くの知人から「増やして」という一言とともに多くのお金を預けられている立場を指します。増やしてほしいと言われているわけだから、リスクは認識してもらっています。とはいえ、良識ある者ならば、慎重に運用せざるを得ないでしょう。さもないと、自分が公に責められる事態に発展しかねないからです。

ひと昔前に流行った「会社は誰のものか」という議論には興味がありませんが、会社のお金は誰のものかという問いであれば、株主名簿を見ればわかります。そこに記載された一人一人のお金です。

この事実に、これ以上の論点はないでしょう。大企業の方々が持っているすべての予算は、あくまで他人のお金で、大企業の事業計画とは、他人のお金の運用計画になります。この事実も共有し、さらに話を進めていきましょう。

大企業に採用され、出世する人の3つの条件

大企業の特性を理解すると、自ずと大企業に採用され、出世する人の条件も見えてきます。ここでは、大企業社員にとって重要な三つの採用・出世条件を説明しましょう。

一つ目は、何よりもリスクヘッジ能力が高いことです。大企業においては、意思決定に際するレビューで最も重視されるのがケースシミュレーションであり、さまざまなケースに対してどのような配慮がなされているか、が主な問答になります。

レビューとは「見直し」を意味する評価や意見を出し合う場や機会のことですが、レビュー者を変えながら、ケースシミュレーションを続けることで、より多くの観点からリスクが洗い出されては排除され、その結果として、ラガードにも社会にも配慮された丸い内容になっていきます。

多くの承認者に対して事前説明を続け、丸くしきった上で決裁依頼を流す。私もこのプロセスのヘビーな体験者です。良し悪しはともかく、起案当初の攻めたロジックは承認フローを回す前に大体が骨抜きにされます。資料には、当初はなかった注釈が溢れ、補足パートが膨大になっていきます。

もちろん、若いときはこのプロセスに対して腑に落ちない気持ちになったことも多くありました。ただ、先ほども述べたように、大企業の特性上、意思決定するためにはこのプロセスが必要なのです。社会的責任の強い大企業が、性急にリスクを抱えた意思決定をすることなどあってはなりません。尖りのあるロジックよりも、多くの関係者が自然に感じる、聞き心地の良い丸いロジックが優先されます。

このような考えに沿ったリスクヘッジレビューを円滑に進められるかどうかが、大企業で勤めるための第一条件です。積極的なリスクテイカーには、大企業のレビュー者は務まりません。

二つ目の条件は、仕事を進めるスタイルが計画主義であること。

大企業は顧客が多いと述べましたが、そうなると必然的に提供側の関わる人も多くなります。だからこそ、大きなお金が動いていく。このような環境下では、思いつきで多くの人が属する組織を振り回すことがあってはならないのです。

組織を動かすためには綿密な計画を準備し、皆が納得しやすい形にまとめて、それを説明して一つずつ合意を重ねていく必要があります。大企業の計画主義は、成るべくして成っているということです。

妙案を思いつき、その内容は誰が見ても素晴らしいものだったとしても、その内容を無邪気に提案するだけでは何も始まりません。内容どうこうの前に、聞く人がどの立場で聞いてどう動けばよいのかを整理するところから始めなければいけないのです。

つまり、良いアイディアを思いついても、それをそのまま誰彼かまわず言いふらすようなことは控え、時勢を読みながらより具体的にしていき、緻密・段階的・公私問わずの根回しを続けた上で、関わる方々を混乱させない計画に仕立て、公式なものとして提案していく進め方が求められます。このような計画主義に適応できるか、これも大企業で勤める際に問われる必須の能力になります。

最後は、気質として社会性が高い必要があることです。

スタートアップ界では重宝される一芸に突出した変わり者では、残念ながら大企業では生き残れないでしょう。大企業の従業員は、社会のマジョリティが求める人格を備える必要があるのです。その人格を持って、多くの上司、同僚、部下、さらには取引先と、密に、常識的に接していく。これが非常に重要です。

時折、大企業でも社会性に欠ける剛腕が出世していくケースもあります。手段は選ばずに結果を残すことで、一部の上長の庇護を受け、出世への階段を登っていく。ただ、そんな方の階段は途中で切れるようにできているのが常です。

大企業において、立場が上がるほどに高度な社会性が求められる時代になっています。この傾向はもはや不可逆でしょう。反対に言えば、社会性に欠ける人材はリスクでしかない。誰よりも常識的に振る舞えないといけないのです。

リスクヘッジできる能力があり、計画主義を全うでき、そして何より社会性が溢れている。そんな方々が大企業に見出され、出世していきます。そして、出世街道の先に、より慎重に株主と向き合うポジションが待っています。

大企業に採用され、出世していく人材に関する3つの条件を紹介しましたが、重要なポイントについて念を押したいと思います。それは、既存の大規模成熟事業の滞りない推進が前提になっているということです。

言われれば当たり前なのですが、採用基準も出世に関する昇格基準も「既存の大規模成熟事業を上手く回せるか」で決められています。新たな事業創造を考慮したものではありません。過去に比べれば、多少は新たな事業創出を見越した採用・登用をしていると言う人もいるかもしれませんが、スタートアップのそれらとはまったく事情が異なります。

スタートアップの採用基準に、チャレンジ精神、バイタリティ、専門性等と記載されていれば記載のままの意を受け取れるでしょう。一方で、大企業の採用基準にそういった文言が書いてあるとすれば、「大企業としてのリスクヘッジ能力、計画主義、社会性を持った上での」という前提が付くと見なしてください。

スタートアップと大企業はステージが違うために、まったく異なる条件で人材が集められ、それぞれがそれぞれの界隈で一人前に育っていきます。異なるステージに属し、担当する業務、持つべきマインドが大きく異なる以上、必然のことです。良し悪しではありません。大企業の方、スタートアップの方それぞれに尊敬すべきポイントがあるということです。

私は仕事柄、大企業の方々ともスタートアップの方々とも話す機会を持ちますが、仕事のスタンス、仕事に対する気質がまったく異なり、その違いはもはや流れている血が違うレベルです。

例えば、大企業には「まずやってみよう」という声掛けがあります。新たなチャレンジを促すことを目的としたもので、昨今はネットを調べればコンサルタントなども大企業向けによく使っていると知ることができるでしょう。しかし、スタートアップにこんな掛け声は存在しません。なぜなら、スタートアップの人には、「やってみない人」の気持ちはわからないからです。やって当たり前。そのためにスタートアップにいるのですから。

さらに言うと、大企業で正当に手塩をかけて育てられてきた方々に、この掛け声が有効だとも思いません。「まずはやってみよう」という軽い言葉が響くような人材には育てていないはずです。注意深く計画的に振る舞うように育ててきた土壌があります。

大企業では、成熟した大規模事業を伝承するに相応しい人が採用され、その方々が社会性の強い大企業を背負うに相応しい人材に育てられている。一方のスタートアップは、事業を興し、拡大させるに相応しい人が担い、どちらかと言えば、個々人が自身の生存能力を頼りに嗅覚を研ぎ澄ますように成長していく。単純に「違う」という話です。

さて、いよいよ話題を新たな事業創造に関わるものに変えていきます。

大企業が事業創造で失敗する理由

ここまでで、大企業が立つステージ、持つお金、そして、属する人材という観点で、大企業の主たる特性について述べてきました。大企業がスタートアップとはまったく異なる構造体であることを理解いただけたと思います。ここからは、大企業が新たな事業創造時に、その特性を理解せずに犯してしまう決定的な間違いについて述べていきます。

大きな既存事業を持つ大企業においても、継続的な成長が求められます。提供する製品・サービスは一定の周期でライフステージのサイクルが回っていて、いつかは衰える日がくるために、成長を続けるには、どこかのタイミングで新たな製品・サービスが必要になります。いま、日本の多くの企業がその時期にいるのではないでしょうか。

成熟した事業で利益が出ている内に、再成長を託し得る新たな事業を興さなくてはいけない。そうしなければ、時にゆっくり、時に一気に沈む船だと皆がわかっています。そして、誰かが新たな事業創造担当として任命されるのです。

ただ、大企業とスタートアップが別物であることを理解していないからか、もしくはその違いを知っているがゆえの憧れからか、担当者が最初にやることは、堅いスーツをカジュアルな服に変え、まったく別物であるスタートアップの事業創造手法を熱心に学ぶことになりがちです。質が悪いのは、元来の真面目さにより、別世界の手法であるにも関わらず、正確にその手法を習得し、その通りに進めようとするのです。

しかし、参考書として大事に扱っているものは別世界を対象に書かれたものなので、早かれ遅かれ、つまずく瞬間が出てきます。参考書推薦のやり方でアイディアが出てこなかったり、出てきたアイディアが売上規模や自社の強みを生かすといった観点で、自社が求める水準をクリアできなかったり。あるいは、参考書を何度も読んで仕上げた、チーム肝いりのバリュープロポジションキャンバスや、ビジネスモデルキャンバスが、レビュー者に理解されなかったり、興味を示されなかったりもするでしょう。

参考書通りに早くプロトタイプを作ろうとしても、承認を得ることができない事態に陥ります。そして、最も虚しいことにそれらのつまずきは参考書の世界では予期されていない出来事なので、参考書にはその原因も対処法も載っていないのです。

こうして、原因も対処法もわからぬままプロジェクトが停滞し、徐々に挫折へと向かい始めます。担当者が「うちの会社は堅すぎる」「大企業で新規事業は創れない」と愚痴をこぼすようになると、もはや動力を失い、名もなき岸に向かう小さな船のようなもの。ベストを尽くした担当者には申し訳ないですが、何も成せずに動きが止まることが目に見えているお決まりの失敗パターンになります。

これが最も伝えたい典型的な失敗例です。失敗の道を辿るべくして辿っています。担当者が悪いわけでも、大企業という構造体が悪いわけでもありません。ただ参考書選びが間違っているだけです。新たな事業を創造するからといって、スタートアップを志向することが間違っているのです。

これまでに述べてきたように、大企業とスタートアップはそれぞれが別の世界。新たな事業創造と一言でいっても、大企業のそれとスタートアップのそれではまったくの別物だということを理解してください。例えるならば、同じスポーツでも、野球とサッカーくらいに違います。野球選手を目指す人が、サッカーの参考書通りにトレーニングを重ねることはないでしょう。野球の参考書を読むほうが良いに決まっているのですから。

大企業の事業創造担当は大企業に相応しいやり方で、事業創造を進めなければいけません。正しい方向で努力しなければ、すべての努力は水の泡。大企業の特性を踏まえたやり方を追求する必要があります。

新規事業版「悪魔の証明」

この項目では、大企業がつまずく代表的・典型的な問題に触れます。一言で言えば、「一歩目を踏み出せない問題」であり、私はこれを新規事業版の「悪魔の証明」状態と呼んでいます。

すでに伝えてきたように、大企業は然るべき理由を持って、慎重なプロセスを構築しています。承認がないとＰｏＣ（新しいアイディアや技術の可能性を探る取り組み）も始められません。当然、新たな事業創造担当者は、新たなアイディアの正当性の承認を得るべく、さまざまな事例や根拠らしきものを付けた事業計画書を作り込み、それを承認者に説明する必要があります。

ただ、慎重になることを義務付けられ、その考えに沿って昇進してきた承認者は、淡々と新規事業に対するリスクを述べる。いや、述べ続けるといった表現のほうが合っているかもしれません。それに対し、事業創造を進めたい提案側は一つひとつ答えようと躍起になります。しかし、承認者はそれでもＧＯサインを出せない理由を述べ続けるのです。

このラリーがいつまでたっても終わらない。そして、ラリーの間隔が延び始めた頃に頓挫へのカウントダウンが始まります。これが、新規事業版「悪魔の証明」のサイクルです。ここで、重要な問いを投げたいと思います。これまでに共有してきた内容を踏まえて回答してください。

「未知への挑戦である新たな事業創造領域において、構想時点で慎重な大企業がＧＯサインを出せるほど精緻な事業計画書を作り込むことは可能でしょうか」

答えはノーです。リスクのない儲け話はありません。誰もが知っています。そして、未知のことである以上、完璧にリスクを具体化しそれを抑え込める確証を持つことはできない。これも誰もが知っていることです。スタートアップの初期の資金調達の場面であれば、将来が分からない不確実性が望まれることがあります。なぜなら、完全に予測できる将来に初期投資の動機となる「わくわく」は生まれないからです。

しかしながら、大企業は構造上、すべてのリスクを具体化かつ最小化した状態でないと正式な一歩目が踏み出せません。一方で、どれだけ頭をひねっても、デスクトップ調査を続けても、計画書の見せ方を変えても、未知のものについて、さらに言えば新しくて大きな売上を狙うものについて、構想時点で失敗する可能性が極めて低いと言い切ることは不可能です。根拠を並べ、誠実に語れば語ろうとするほどに、解きようのない命題ということに気がついていく。そして、ラリーが長引くに連れ、担当者の熱量とレビュー者の優先度が下がっていき、向かう方向が怪しくなっていきます。

大企業の多くのレビュー者、つまり経営層は、何気なく悪気なく作れるわけがない計画書を作らせようとするのです。そして、大企業の多くの担当者が、経営層の命令に従って、作れるわけがない計画書を作ろうとする。なんと滑稽な世界でしょうか。

大企業において物事を進めるには上位者の承認が必要で、上位者の承認を得る＝上位者の問いに的確に答え、リスクをつぶしていくことです。これは大企業が大企業たる根本ルールですが、このルールが「悪魔の証明」を作り出してしまっているのです。

上位者はリスクを明らかにしなくてはいけないし、提案書はそれに丁寧に答えなくてはいけない。きっと、今この瞬間も悪魔の証明に取り組んでいる人が大勢いるでしょう。

そして、この項目で最も重要なことを言えば、大企業にとってクリティカルなこの問題も、大企業固有の問題であるがゆえに、スタートアップをベースに作られた参考書では扱われていないということです。スタートアップの世界でこんな事象は起こり得ません。だから別世界の参考書なのです。

事業創造は大企業の泣きどころ

大企業の規模とスタートアップの規模を比べれば、大企業こそが象であり、スタートアップは蟻のような存在と言えます。

ただ、大企業の主舞台は大きな既存事業の運営であり、ゼロからの事業創造に適した構造体がどちらかと言えば、断然にスタートアップです。

当然ながら、ゼロからの事業創造に対する経験値も、それを主舞台にしているスタートアップが勝るでしょう。その領域での生存・残存方法を叩き込まれているので、十分な実務経験があります。もちろん、スタートアップと一言でいってもさまざまなプレーヤーが存在し、その能力を十把一絡げに語ることはできません。ただゼロからの事業創造に必要な社会に対する幅広い知識、そこから出てくるアイディアや損益のイメージの質、どの一歩目を踏むべきかという判断力など、新規事業立ち上げの能力は突出して高いと言えるでしょう。

大企業とスタートアップのアライアンス（企業間提携）が上手く進みにくいことはずいぶん前から言われています。ただ、これは予想外のことではありません。それぞれが持つ暗黙知、形式知、実践知のすべてが異なる、別世界の人間同士のコラボレーションが上手く進むとは考え難いかもしれません。大げさではなく、共通しているのは同じ言語を話すことくらいです。

大企業は自らの既存事業における運営ルールそのままに、スタートアップを質問攻めし、自分たちの考えに合う合理性のある回答、そして大量のエビデンスの提示を求めます。これは成熟し守りのフェーズに入った企業にとっての常とう手段ですが、この手法は攻めのフェーズにいるスタートアップを辟易させます。大企業はゼロからの事業創造に適していないばかりか、それを得意とするスタートアップとのコラボも苦手なのです。

すべての領域で洗練されている人はいません。専門性を追求すればするほどに、得手不得手の濃淡が濃くなっていくのが必然でしょう。ある競技のトップアスリートも別の競技では素人であるように、ある舞台で輝くパフォーマーが別の舞台では必要とされないように、大企業はスタートアップの領域では輝けないのです。つまり、ゼロからの事業創造の土俵にいる限り、スタートアップが巨大な象であり、大企業は小さな蟻となります。

だからこそ、大企業は、広く言えば事業創造という同じ土俵でありながら、実際は大企業だけが目指し得る領域を目指し、そこで堂々と陣取るべきだと考えます。そしてそこは、大企業にとって居心地が良いだけでなく、事業的にも魅力的な場所であるはずです。

そこにたどり着くには、大企業に合った参考書が必要になります。本書がその役割を担えることを願ってやみません。

まとめ

第1章　大企業の事業創造における神髄ポイント

▼大企業のステージ

「大企業は、ラガードまでを対象にしている企業であり、社会的影響の強い存在だから慎重な判断が求められて当然の組織」

大企業は存在するステージから、積極的にリスクテイクした意思決定より、ネガティブな要素を排除することを優先した意思決定が重視されます。製品・サービス、行動態度・計画などには尖りよりも丸みが求められ、「動かない」という選択肢が合理的なシーンが多く存在します。

▼巨大な資金は「他人のお金」

「大企業は他人のお金を使って運営されている」

大企業の資金の多くは他人のお金です。したがって、お金を使うために誰から見ても合理的である理由が求められるのです。このため、合議制、長い承認フローを構築して、意図的に簡単に意思決定されることを防いでいるのです。

▼大企業に採用され、出世する人の3つの条件

「採用基準も出世に関する昇格基準も〝既存の大規模成熟事業を上手く回せるか〟で決められている」

「リスクヘッジ能力が高い」「仕事を進めるスタイルが計画主義」「気質として社会性が高い」人が大企業に採用され、出世します。これは「既存の大規模成熟事業を上手く回せるか」が念頭に置かれた採用、評価基準です。

▼大企業が事業創造で失敗する理由

「大企業はスタートアップとはまったく異なる構造体でありながら、この大前提が理解されずに、事業創造となるとスタートアップの手法を熱心に学ぼうとする」

大企業は大きな既存事業を持つ成熟した組織で、一方、スタートアップはゼロからの事業創出を目指している組織です。集められるメンバーも適用されるルールもまったく違います。この事実がありながら、大企業がスタートアップのやり方で事業創造を試みて上手くいくはずがありません。繰り返しですが、大企業とスタートアップでは企業としての構造や特性がまったく違うのです。

▼新規事業版「悪魔の証明」

「慎重なプロセスを義務づけられた大企業の承認者は未知のものに対してもリスクを指摘し、担当者は大企業のルールに沿って承認者の問いに一生懸命答えようとする。ところが、承認者の問いに真摯に向き合うほどに、その答えは存在しないことに気がついてしまう」

大企業において物事を進めるには上位者の承認が必要で、上位者の承認を得ることとは上位者の問いに的確に答え、リスクをつぶしていくことです。これは大企業の根本ルールですが、未知のものについては、承認者が求めるリスクが極めて低いと合理的に言い切れる理屈を作ることは不可能です。こうしていつまでたっても承認がおりず、新規事業は始まりもせずに頓挫します。

▼事業創造は大企業の泣きどころ

「大企業は大きな既存事業の運営に合うように、スタートアップはゼロからの事業創造に合うように作られている。大企業はスタートアップの領域では輝けない」

大企業の多くが事業創造となると、スタートアップの領域に入ろうとします。これが失敗の元です。一言で事業創造といっても、さまざまな領域があり、そこには大企業だけが目指し得る領域が存在します。そこを目指し、そこで堂々と陣取るべきなのです。そして、そこにたどり着くには大企業に合った事業創造の参考書が必要になります。

2章

大企業×コンサル＝最悪

事業創造に自信がない大企業が頼るアドバイザーが、戦略コンサルタントです。しかし、私の考えでは、新たな事業創造領域において、大企業と戦略コンサルタントは最悪の相性。大企業が悪い方向に行くことを修正するどころか、むしろ率先してプロジェクトの挫折点に連れて行ってしまうのです。本章では、その事象及び理由を説明していきます。

戦略コンサルタントは事業創造の専門家ではない

戦略コンサルタントとは、企業の経営戦略の策定を支援する職業人を指します。クライアントに代わって、またはクライアントと一緒に、成長戦略を含んだ中期経営計画、事業計画などを策定することが主な業務です。

通常の事業会社において、中期経営計画策定は3年に一度、事業計画の策定でもおおむね1年に一度くらいの頻度で行われる業務です。また、大企業の戦略策定は、非常に限られたメンバーで行われることから、ジョブローテーションが主流の大企業社員が、自社の中期経営計画や事業計画策定に連続的に関与する可能性は極めて低いと言えます。

一方、戦略コンサルタントはそれが仕事であるため、その策定業務を何度も繰り返します。それがゆえに、その領域において高い専門性を発揮することができ、多くの大企業がその時期になると、戦略コンサルタントを起用する構造が出来上がっています。

そして、戦略コンサルタントが策定する各成長戦略において、昨今は必ず新たな事業創造が一トピックとして加わるようになってきました。当然、戦略コンサルタント側は、新たな事業創造においても支援することを提案します。

クライアントとしても、その提案をすんなり受け入れるケースが多いです。新たな事業創造において、求められる最初の作業が市場調査であったり、最終成果物がビジネスモデルや収支計画を含めた事業計画書だと考えられていること、さらには、自社のことをよく知っている戦略コンサルタントなら実現性やシナジーについてもよく考えてくれるという期待もあってのことでしょう。こうして、新たな事業創造も戦略コンサルタントがカバーするべき一領域となっていきました。

戦略コンサルタントであった私は、まさにこの流れでごく自然に事業創造の領域にたどり着きました。そして、そのまま事業創造が自身のメインフィールドとなり、私は戦略コンサルタントとして、多くの大企業の事業創造に深く関わるようになったのです。

しかし、過去の自分のことを棚に上げつつ言えば、新たな事業創造を戦略コンサルタントが支援することは明らかにおかしいでしょう。その理由を説明していきます。

そもそも戦略コンサルタントが実務に携わらないのにも関わらず、その会社の行く末を決める重要な戦略を策定できるのは、価値ある情報をインプットできるという前提があるからです。

中期経営計画や事業計画を策定するにあたっては、一部は市場から、多くはクライアントから、価値ある情報を受動的、能動的に獲得し、それを取り込み、加工し、次に進むべき道を導きながら、計画という形に落とし込みます。

そして、既存事業においては、クライアントに必ず貴重な情報が存在します。なぜなら、クライアントは長い間、競合と必死に競争しながら既存事業におけるPDCAサイクルを何度も何度も回しているからです。生々しい体験談と実情ほど価値のある情報はありません。

戦略コンサルタントは、時に資料、時にインタビュー、時にディスカッションや懇親会から、さまざまな価値ある情報の欠片を掘り出し、察知し、それを丁寧に紡ぎ、戦略という作品に仕上げていきます。

この作業が、戦略コンサルタントがプロフェッショナル職業と位置付けられる所以になります。一朝一夕にできるものではないので、コンサルティングファームは、多くのコンサルタントがこれらをできるように教育投資を行っています。

ただ、ここに不都合な真実が隠されています。取得できる情報の質でアウトプットの質が決まるという単純な方程式の下、新たな事業創造においては、価値ある情報がほぼ取得できないのです。

まず、最も頼りにしているクライアントに情報が、生々しい体験談や客観的に頼れる実績がない。次に市場に目を移しても、当然ながら、領域が新しければ新しいほど、情報量が限られます。

現在は、インターネットやＡＩサービスなどのテクノロジーが発展し、さらには外部専門家に簡単にインタビューできる新たなスキームが生まれ、情報収集はどんどん容易になっています。社会で起きていることは、大体が短い期間で調べがつくようになっているので、まったく新しい領域でなければ、業界規模やビジネスモデルといった基礎情報、参考情報は簡単に集められるでしょう。

ただ、クライアントがそこにいくと何が起きるか、どれくらいの売上が得られるか、どういったポジションを狙うべきなのか、それにはどれくらいの費用や時間が必要なのか、といった手ごたえのある情報は容易に出てきません。基礎情報や、参考情報で、説得力のある事業計画を作ることはできません。

調査会社のレポートでも同じです。客観的な業界概要を把握するためには良いのですが、どうすればその業界に入れるのか、その業界がどういうメカニズムでどう動いているかといった生々しい情報を知ることはできません。

専門家のインタビューはどうでしょうか。過去や未来の話であればいつも生々しい情報を教えてくれて、非常に勉強になるものの、未来について聞けば、専門家も一人の予想家に過ぎず、裏付ける実績を持っていないから情報の精度がとたんに下がります。

このように、新たな事業創造という領域においては、情報という原料に乏しいために戦略コンサルタントの持つ稀有なエンジンが動きません。エンジンがワークしない戦略コンサルタントは、翼をもがれた鳥であり、単価の高い非専門家です。

新たな事業創造という領域で業界トップクラスの外資コンサルティグファームと同じプロジェクトに入ると、同ファームの戦略コンサルタントが調査会社からのレポートと簡易なデスクトップ調査のみから、市場・事業ニーズはこれだからこれをするべき、といった提言を行うことがあります。

次のプロジェクトの発注を得るために提言すること自体がフォーマット化されているのでしょうが、開いた口が塞がりません。良いインプットを仕入れていない非専門家が何を提言するのか不思議でなりません。クリティカルな情報が手に入る既存事業の戦略策定を支援する業務と、新たな事業創造を支援する業務はまったく別であり、それぞれの専門職がそれぞれに行うべきなのです。

コンサルが出すのは絵に描いた餅

このような実態がありながらも、新たな事業創造領域においても、戦略コンサルタントは重宝され続けていますが、その理由は実にシンプルです。クライアントは、戦略コンサルタントが持つ裏能力である「絵餅を描く力」を頼っています。奇妙で滑稽な話に聞こえるかもしれませんが本質を突く事実でもあります。

戦略コンサルタントは、経営戦略という合意の難しいアウトプットを納期通りに提出しなければなりません。クライアントのＩＲ・予算策定スケジュールも踏まえ、遅れることは許されない。その中で、常に迫られる誘惑が、クライアントの全員が納得する当たり障りのない総花的な絵餅を描くことです。厳しい未来と困難な課題を提示する代わりに、各領域の幹部が考えているバラ色の未来をそのまま描くという選択肢をいつもそばに置いています。

コンサルティング業務が、クライアントからお金をいただいているサービス業、代行業である以上、クライアントの意に沿い、喜んでもらうべきという前提もあるのでしょう。

自覚してか無自覚かはわかりませんが、クライアントとのコミュニケーションから多くの情報を得て、そこから示唆を見つけ、進むべき道を導くのではなく、早くからクライアントが望む道、悪く言えば落としどころを見つけそれを正当化するためのエビデンス情報を探すというアプローチを採っている戦略コンサルタントもいます。

それはそれで、クライアントは満足するわけで、サービス業・代行業として間違っているとは言い切れません。また、長年、当該既存事業を営むクライアントの上位層が日ごろの知見から導き出した答えが正確であることが多いということも否定できない事実です。よって、ここで良し悪しは述べることはしません。

ただ、戦略コンサルタントにとって、クライアントが望む絵餅を描くことが最も楽で、最も無難なやり方であり、かつ情報収集技術と思考技術に長けた戦略コンサルタントはこのやり方も上手くこなすことができるということは強調しておきます。

話を新たな事業創造に戻しましょう。

大企業は新しい事業創造にあたって、新規事業版「悪魔の証明」を求められるので、不確実な新たな事業創造においても、確実に上手くいくと言い張る必要があります。それは解きようのない問いでありながら、その答えを持たない限り前に進むことができません。そこで頼るのが戦略コンサルタントの絵餅描写力なのです。

そのやり方を是とする戦略コンサルタントは、適当な情報を提供しつつ、クライアントと議論しながらクライアントが描いてほしい絵餅を見極めます。それが決まったら、それを正当化するエビデンス探しを開始。具体的には、アイディアを正当化する世の風潮を見つけたり、海外の事例や国内大企業のＰｏＣ事例をまとめたり、さらにはインタビュー、アンケートを行って都合の良い情報を一つにまとめていきます。

そして、それをクライアントが描いてほしい計画書の形にして納め、笑顔でクライアントとお別れする。数か月のプロジェクトはお互いにとって、文句のない時間となるでしょう。

新たな事業創造を支援する戦略コンサルタントにとって一番のリスクは、納期内に計画書を完成できないことであり、次に避けたいことは今後二度と発注されないことです。また、クライアントにとっての一番のリスクは戦略コンサルタントを雇いながらも、悪魔の証明に挑む事業計画書を作れないことであり、悪魔の証明に答え得ると思える計画書はいくら払ってもほしいものなのです。

結局のところ、絵餅を描いてほしいクライアントと、絵餅を描きたい戦略コンサルタントの意思が一致し、世の中にはまだ誰も見つけていない魅力的なホワイトスペースがあり、それは当該クライアントが強みを生かせる領域で、そこにいけば少ない投資でリスクなく大きな額が儲かるといった、正真正銘の絵餅が生み出されるのです。

大企業とコンサルは似た者同士のマイノリティ

戦略コンサルタントによる新たな事業創造における絵餅納品スキームは、一見、両者（クライアントとコンサルタント）にＷＩＮ ＷＩＮの関係をもたらしているように映りますが、当然ながら、絵餅はどこまでいっても絵餅です。

クライアントがリッチな要求を提示し、夢を見れば見るほどに、そして、情報を持たない素手の戦略コンサルタントが裏能力を使って、それに応えれば応えるほどに、実際の市場からは遠ざかっていき、市場と遠く離れた、市場とは無関係な桃源郷を描写した資料が完成します。

その後、素晴らしい最終報告会が行われ、クライアントと戦略コンサルタントが笑顔で別れても、しかし結局は社内における投資承認が下りずにプロジェクトが止まります。承認者は実際には誰よりも桃源郷を求めているのですが、他人が描いた二次元の桃源郷を見せられて承認するような軽い方々ではありません。

ほかにも、戦略コンサルタントには、絵餅だと考えずに絵餅を描いている方がいることにも留意する必要があります。前提として、戦略コンサルタントは実際に事業を回す職業ではないために、厳しい現実を知らない夢見がちなドリーマーになりやすい傾向もあります。

さらには、最初は大勢に否定されるアイディアこそが、ゼロベース志向を体現した、自分たちにしか提示できない切れのある尖ったアイディアであり、ブレークスルーを生み出すものであると考え、突飛なアイディアを好む方もいます。こういう戦略コンサルタントの特徴としては、自己肯定感が異常に高いことです。

戦略コンサルタントという存在を示す例として、こんな話があります。ずいぶん前のことですが、電気自動車の普及率が注目を集めていた頃、コンサルティング各社が提示した当該普及率を一覧化したことがあります。普及予測が外れること自体は仕方のないことですが、興味深かったのは各社があまりにもバラバラの根拠と予測を示していたことです。合理的な解を導くはずのコンサルティング会社の解がなぜバラけるのか。コンサルティング会社も未来のこととなると恣意性を強める傾向があるようです。

また、現実として、コンサルティング会社が未来について語るとき、地味な本質を話すよりも、エッジが効いたポジショントークを展開したほうがクライアントから喜んでもらえるという側面もあります。コンサルティングファームもクライアントを集めなくてはいけません。そのために、クライアントが時に期待で一杯になるように、時に適度な不安を抱えてもらえるように、多少演出を加えて、あることないことを語る必要があるのです。なにしろ、クライアントよりも知っていることが多いという前提がないとコンサルティングという概念が壊れてしまいますから。

エピソードはほかにもあります。新たな事業創造というテーマはコンサルティングファームにとって歴史の浅い領域です。だからこそ、大企業の新たな事業創造プロジェクトを任された戦略コンサルタントの多くは、アサインされたその日のうちに、ひっそりとアマゾンを通じて、大量のスタートアップ用Ｈｏｗ ｔｏ本を買い占め、届き次第、読み漁っていたのでした。

大企業に勤める方の傾向も同じです。自社の事業のことは細部まで知り尽くし、リスクヘッジ志向を持つものの、他事業のことになるとピュアなドリーマーになりがちな人が多い。このように、大企業の社員とコンサルティングファーム社員の属性はさまざまな観点で共通項を持っているように思います。

学歴、経済力が似ているし、本質的にどちらも純粋、生真面目で合理性を重んじ、真っ当な生き方をしてきている方が多くいる印象です。それは、穿った見方をすれば世間知らずが集まりがちとも言えますし、最近では「意識が高い」という言葉が定着していますが、まさにそういう人たちでもあるでしょう。

そして、ポイントとなるのは、この属性が市場全体に占める割合が小さい点です。多様な市場において、両者の盛り上がりは一部の身内の盛り上がりに近いです。両者は市場を合理的な存在で、自分たちが考え尽くした斬新なアイディアは一気に受け入れられる、自分たちの思うような論理で市場が動くと思っているのです。

しかし、市場は両者が思うようには動きません。市場には、多様なシチュエーション、考え、時間をかけて作られた権益構造などが存在し、それぞれがそれぞれの理屈で動いていることにピュアな両者は気がつきにくいのです。

ある業界サービスで、理屈的には広まるはずのデジタル技術が思うように進まなかったことがありました。調査を進めると、有力各社のオーナーたちが首を縦に振らないとのこと。その理由を突き詰めると、当該オーナーは、高齢の方が多く「デジタル技術にピンと来ない」「合理化はおもてなしの心に反する」と言い張っているとのこと。これが世の中の現実であったりします。こういった事象は枚挙にいとまがありません。

規模の大きなビジネスを作る上では、市場のマジョリティを捉えることが重要になります。

限定的な領域を狙ったビジネスは、規模が大きくなり得ない。マイノリティな両者が盛り上がれば盛り上がるほどに、マジョリティから遠ざかるという現実を誠実に受け止める必要があるのです。

コンサルとたどり着く〝馬鹿の山〟の頂

突然ですが、インターネットで「ダニングクルーガー効果」と検索してみてください。図のようなグラフが表示されると思います。これは、人は知識がないときの方が自信に溢れ、知識をつけていくと自信を失い、それを超えると本物の自信が付いてくるという推移を表しています。

例えば、プライベートにおいて、自分の知らない業界を断片的に見て、「もっと、こうすればいいのに」と感じる経験があるでしょう。しかし、それが自分の属する業界で知見があると、「いやいや、実際はこういう事情があって」という反論が浮かんできます。

実態を知らないからこそ、「もっとこうすればいい」と自信を持っている状態が、このグ

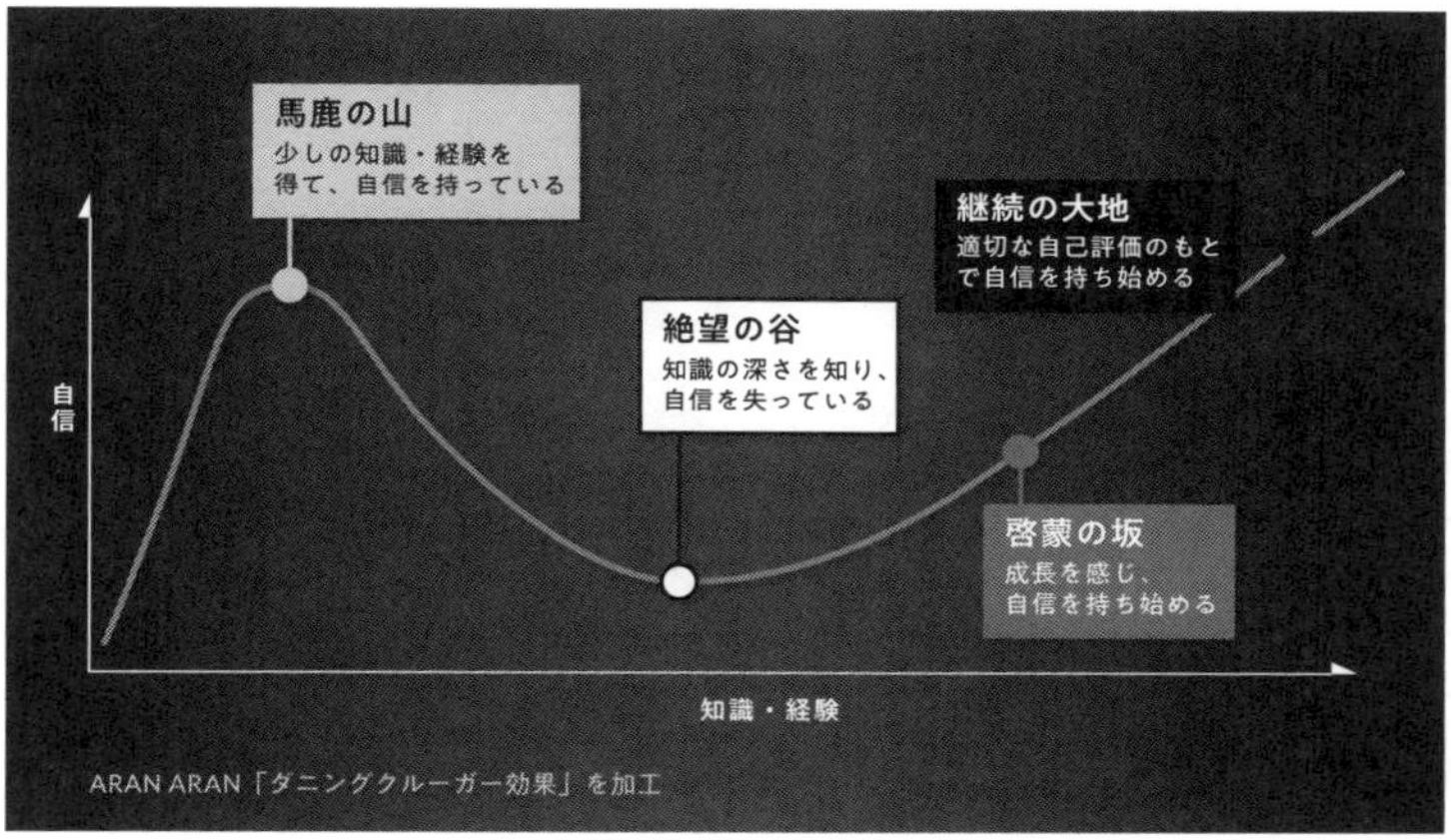

ARAN ARAN「ダニングクルーガー効果」を加工

ラフで言う馬鹿の山にいる状態になります。品のない言葉ですが、そのままに使いますのでご了承ください。

その後、さまざまな知識を得ることで、さまざまな観点から考えることができるようになり、成るべくして今の状態に落ち着いていることを学んでいきます。これが馬鹿の山の頂上から絶望の谷へと向かう下山道です。そして、そこから啓蒙の坂、継続の大地に向かえるかが成長、成功できるかの分かれ道となります。

実は、新たな事業創造のプロセスはまさにこの曲線を辿る道なのです。

戦略コンサルタントと盛り上がって、事業計画らしきものが仕上がった状態は、まさに馬鹿の山の頂上。馬鹿の山の高さはまちまちであっても、新しい事業において最初からすべてを知り尽くしているということはありえないので、全員がまずは馬鹿の山に登ることになります。ただ、いままで説明してきた大企業と戦略コンサルタントの無邪気な両者はそこが馬鹿の山の頂上だと知らずに登り、謙虚な両者は馬鹿の山と知りながら登る違いがあります。

さて、馬鹿の山の登山道は楽しいことが多いです。何時間でもミーティングをしていたくなるような、事業創造プロセスにおいて最も楽しい時間でもあります。頂上からの見晴らしは爽快で、成功している世界がイメージできる。少なくとも2~3日は興奮した状態が続くでしょう。絵餅を描くのが上手い戦略コンサルタントは、馬鹿の山へのアテンドが上手いコンサルタントとも言えますね。

クライアントが登りたい馬鹿の山を選び、コンサルタントがその頂上に誘います。多くの戦略コンサルタントは、馬鹿の山の頂上でお役御免なため、幸せの絶頂でプロジェクトを去り、またすぐに次の登山客を迎えに行く。これが、多くの事業創造プロジェクトを俯瞰的に見た場合の構図となります。

夢の跡始末

戦略コンサルタントが馬鹿の山の山頂でお役御免となることが多いことにも理由があります。戦略コンサルタントは単価が高いからです。起用期間が長くならないことを前提に、クライアントにおいては、単価の値下げを求めるよりも、短期集中で高品質にやりきってほしい気持ちが勝ります。ただ、その単価の高さゆえに、計画策定が終われば、クライアントである大企業は彼らの起用をピタッと止めます。

素晴らしい計画が出来上がり、あとは定義された地道なタスクを一つずつ実行するだけ。自社で鍛え、なおかつ費用を抑えられる社員たちに、その実行を任せていく。この考えはまったく間違っていません。

ただ、計画が出来上がった場所は、馬鹿の山の山頂です。戦略コンサルタントが去った後から悪夢が始まっていきます。下山すらもできずに停滞するのです。

というのも、最終報告会で計画は説明しているものの、具体的な投資の承認が下りない状況になり、実際の投資を得るには、御前会議では出てこない細部の問いに答えていく必要が生じます。ここで、大企業版「悪魔の証明」が始まります。最終報告会は時間が来れば終わりますが、バイネームで承認する世界にタイムアップで決着する概念はありません。計画に対する疑問の声が燻り続け、上役が助け舟としてまったく別のアイディアを提案するという事象も生まれます。

さらに担当者にとって最も辛いのは、当てにしていた他部門が思うように動いてくれないときです。明らかにこちらの熱量とかけ離れた態度で、こちらを冷ややかに見ながら、動かないことを前提に上手く取り繕うように、のらりくらりと対応します。仮に部分的な承認が取れても、ここからは下山の旅路。想像以上に辛い時間が待っています。

当然、ＰｏＣの準備も進みません。自社のロゴやハードを少し活用したいだけであるにも関わらず、巨大な壁が立ちはだかったりします。こうして、プロトタイプどころか、サービスサイト一つも作れない事態に陥ります。スタートアップであれば数日、数週間でできることが強者であるはずの大企業では永遠にできないという不思議な状況が生まれるのです。何をするにも大掛かりな予算が必要となる中で、ますます承認のハードルが上がっていきます。

何とか、手探りでＰｏＣを開始できても、馬鹿の山にあるアイディアに顧客は集まらずに、わずかな顧客も肝いりの内容に薄い反応しかしてくれないでしょう。山頂で手にしていた膨大なパワーポイント資料が紙くずになり始めます。プロジェクトの瓦解は早く、いとも簡単に方針と推進力を失っていきます。

悲しい事実を吐露すると、私が大手ファーム時代に取り組んだプロジェクトで、計画策定後も円滑に進んだプロジェクトは存在しません。必ず何らかの問題が表出するのです。問題の生じ方はプロジェクトによってさまざまですが、突き詰めれば同じ問題だと気がつきました。

情報のない新たな事業創造の世界で、よく似た身内同士が、情報がないことを自信に変えて、勢いで絵餅を描き切り、そこが馬鹿の山とも知らずに、その絵餅で大企業が長年培ってきた堅牢な新規事業版「悪魔の証明」に答えようとしていただけなのです。

絵の世界の餅は、額縁を外されると実態を持たないことをさらけ出してしまうものです。今となって思うことは、このやり方では成功のしようがない、の一言しかありません。この本は私の戦略コンサルタントとしての贖罪の本でもあります。

千三つ

新たな事業創造が上手く進む確率は千三つと言われます。文字通り、1000件に3件の成功確率という意味です。それなりに実績を踏まえた言葉であると思いますので、この確率がおおよそ正しいという前提の下に話を進めていきます。

ここまでに説明してきたことを振り返りつつ結論を言えば、失敗すべく失敗している事例がほとんどではないでしょうか。正しいやり方でベストを尽くしても、1000のうち997が失敗するのならギャンブルとしても成立しないし、それに賭けるのは正気の沙汰ではありません。

さらに、世の中にはシリアルアントレプレナー（連続起業家）と呼ばれる人たちが多く存在します。その方々が何度も千三つを突破していると考えることは確率論的に解釈が成立し難いのではないでしょうか。少なくとも、アントレプレナーは千三つの確率だと思っていないはずです。つまり、本当に1000のうち997が失敗しているという事実があるならば、そこには構造的な問題が存在すると見るほうが自然です。

997の内訳を見ていけば、きっとほとんどのプロジェクトが、これまでに述べてきたような構造的な失敗に陥っているだけなのではないでしょうか。反対に、上手く進んだ3つのほうに目を向ければ、やり方を知っている一部の人が何度も成功させているだけなのかもしれません。そんな仮説が自ずと導き出されるように感じられます。

現在、大企業にて事業創造プロジェクトを進めておられ、かつ上手く進んでいないと考える人がいれば、今一度、やり方を振り返ってください。

大企業の特性を考えずにスタートアップ向けの参考書を持ってスタートアップもどきを目指していないでしょうか？　大きなお金を費やしてサービス業である戦略コンサルタントを雇い、額縁に入れて飾るような理想通りの絵餅を描かせていないでしょうか？　馬鹿の山を登る過程を、その道の意味を知らずに辿っていないでしょうか？　絵餅で、新規事業版「悪魔の証明」に挑もうとしていないでしょうか？　承認者と不毛なラリーを繰り返していないでしょうか？　解けない課題に右往左往していないでしょうか？　1000のうち997が陥るパターンに向かっていないでしょう。

おそらく何かを変えないと、失敗の997のグループにいるプロジェクトが、特別となる3つのグループに移動することはできません。事業創造を成し遂げることはできないのです。みなさまは、正しい参考書を手に、自分たちが進めていることを俯瞰的に確認し続けることが必要です。

まとめ

第2章　大企業の事業創造における神髄ポイント

▼戦略コンサルタントは事業創造の専門家ではない

「戦略コンサルタントのアウトプットの質が取得できる情報の質で決まるという単純な方程式の下、新たな事業創造においては、戦略コンサルタントをワークさせる価値ある情報はほぼ取得できない」

戦略コンサルタントは、クライアントが実際に事業を回し続けているからこそ持っている情報を丁寧に集め紡ぎながら、中期経営計画や事業計画を策定します。価値ある情報が手元にない事業創造プロジェクトではそのプロフェッショナルな能力を上手く生かせないのです。

▼コンサルが出すのは絵に描いた餅

「絵餅を描いてほしいクライアントと、戦略コンサルタントの意思が一致し、世の中にはまだ誰も見つけていない魅力的なホワイトスペースがあり、それは当該クライアントが強みを生かせる領域で、そこにいけば少ない投資でリスクなく大きな額が儲かるといった、正真正銘の絵餅が生み出される」

大企業はその特性上、新たに事業を始めるためにはその事業の行く末が桃源郷であると言い張る必要があり、戦略コンサルタントは桃源郷を描く能力、理由を備えています。こうして両者から絵餅が生み出されるのは当然の帰結だと言えそうです。

▼大企業とコンサルは似た者同士のマイノリティ

「大企業とコンサルは市場を合理的な存在で、自分たちが考え尽くした斬新なアイディアは一気に受け入れられる、自分たちの思うような論理で市場が動くと思っているが、実は両社に共通する属性が市場全体に占める割合は想像以上に小さい」

大企業の社員とコンサルティングファームの社員は非常に近しい属性を持っています。それにより、両者は盛り上がりやすいのですが、その盛り上がりは客観的には身内の盛り上がりに見えます。市場には多様なシチュエーション、考え、時間をかけて作られた権益構造などが存在し、それぞれがそれぞれの理屈で動いています。

▼コンサルとたどり着く〝馬鹿の山〟の頂

「新たな事業創造のプロセスはダニングクルーガー効果のプロセスと重なる。馬鹿の山を登り、下り、自信を失った先に本物の頂が待っている」

人は知識・経験がないほどに自信を持つことができ知識・経験がつくと自信がなくなり、その底を乗り越えると本物の自信がつくというダニングクルーガー効果と呼ばれる説があります。この説は事業創造のプロセスと重なっており、コンサルと作る計画はまさに現実の知識・経験がないからこそ、雄弁に語れるものになっています。

▼夢の跡始末

「馬鹿の山の山頂で戦略コンサルタントが去った後から悪夢が始まっていく。チームは下山すらもできずに停滞する」

大企業において投資承認を得るには、細部の問いに的確に答えていくプロセスが必要になります。戦略コンサルタントが数百枚の資料を作ってみても、御前会議のような最終報告のみで意思決定されるほど甘いつくりにはなっていません。多くのプロジェクトは最終報告会後に勢いを失い非常に寂しく止まります。

▼千三つ

「本当に1000のうち997が失敗しているという事実があるならば、そこには構造的な問題が存在すると見るほうが自然」

新たな事業創造が上手く進む確率は千三つと言われます。正しいやり方でベストを尽くしても、1000のうち997が失敗するのならギャンブルとしても成立しないし、それに賭けるのは正気の沙汰ではありません。ほとんどのプロジェクトが構造的な失敗に陥っているだけなのではないでしょうか。今一度、つまずきの原因の本質を顧みる必要がありそうです。

3章

大企業だけが持つ
ポテンシャル

ここまでに、大企業が自らの特性を認識せずにスタートアップもどきを目指してしまうこと、そして、戦略コンサルタントはそういった状況を救うどころか、一緒になってプロジェクトの頓挫に向けて歩を進めてしまう実態について解説してきました。

どちらかというとネガティブであり、印象の良くない話が多かったと思いますが、本章ではポジティブに大企業が持つポテンシャル、優位性について述べていきます。

偉大なサバイバー

1章で企業の成長サイクルを説明しましたが、今時点で「大企業」として君臨している企業も最初から大企業であったわけではありません。スタートアップとしてスタートし、熱狂的なファンに支えられながら顧客を増やし、徐々に社会的責任を伴うようになりながら、ついにラガードの獲得に至り、大企業となっていったのです。

私が属したＮＴＴドコモを例にとっても、最初は自動車電話や肩に掛けて持つことを想定された重さ３kgのショルダーフォンとその通信環境を提供する会社でした。当然、顧客は一部のファンだけだったのですが、それが今では約８９００万の契約を持つといいます。

いつだったかの研修で自社の歴史を学ぶ一コマがあり、全顧客情報を司る基幹システムがなかった頃の様子を伝えていました。我々の世代は、この基幹システムの柔軟性のなさにいつも文句を言っていたのですが、このシステムの登場でいかに業務が洗練されたかを知りました。いくつかのこういったエピソードを辿っていくと大企業それぞれにそれぞれの歴史があり、大企業も最初から大企業であったわけではないことをリアルに感じることができます。

どの大企業も歴史を振り返れば、最初は小さく生まれ、多くのものが整っていない状態からスタートしたはずです。そこから膨大な金額を投資し続け、気が遠くなるような労力をかけ続け、いくつもの苦難を乗り越え、他社との競争に打ち勝って、今のフェーズにたどり着いたわけです。その数少ない企業たちが今日の大企業で、偉大なサバイバーと言うに相応しいでしょう。

その偉大なサバイバーは、膨大な金額と労力で作ってきた巨大なアセットを持ちます。ここではアセットという言葉を、ハード、システム、資金、特許といった直接的なものだけでなく、業務プロセス、組織、ネットワーク、社会的信用など、既存事業を形作るすべてのものと定義していますが、新たな事業創造においても、このアセットを生かさない手はないはずです。

しかし時折、スタートアップを意識してか、新規事業版「悪魔の証明」から遠ざかるためか、それとも既存事業の方針と異なるからか、新たな事業創造を担うチームを既存事業及びそのアセットと完全に分離し、何もないスタートアップとして事業創造を進めようとするチームがいます。

もちろん、意図は理解できますし、断片的に見れば正しい打ち手とも言えるでしょう。ただ、根底の考え方としては、大企業の新たな事業創造は、これまでの膨大な積み重ねを十分に念頭に置いて、この積み重ねをどう生かすかだけを考えながら進めるべきなのです。

これまで繰り返し大企業の新たな事業創造とスタートアップの事業創造は違うと述べてきました。両者の根本的な違いはアセットの扱い方にも現れます。大企業の事業創造は、既存の巨大アセットをどう別の領域に振り分け、どう新たな利益の源泉を掘り起こすべきか、という命題を解くものになります。財務諸表の言葉で話すと、巨大なBS（貸借対照表）の数字をどのように使うとPL（損益計算書）の数字が最大化するかという命題です。

一方、スタートアップの新たな事業創造とは、世の中のホワイトスペースをどう見つけ、何もない状態からどうアセットを膨らませていくか、財務諸表で言えば、どうBSの数字を作るか、という命題を解くもの。巨大アセットをすでに持つ大企業が、何も持たないことを前提とするスタートアップの命題を解く必要はありません。

大企業の事業創造チームは、スタートアップが寝ずに数十年働いても絶対に手に入らない、先人たちの積み重ねを活用できる立場にあります。いや、活用せねばならないのです。

新たな事業創造を必ずや成功させなくてはいけない中、巨大アセットを使う事業創造と、ゼロからアセットを積み重ねる事業創造において、どちらの確実性が高そうか。多くの方が前者を選ぶでしょう。大企業はその気質に合うようにリスクの小さな事業創造を行えば良い立場。始めるゲームを間違えてはいけません。

大企業のグロース成長力

これまでの説明からわかるように、多くの関係者は大企業のアセットの使い所を理解できていません。それは、事業創造を進めるフェーズごとの既存事業とのベストな距離感を理解していないと言い換えることができるかもしれません。

事業創造のための最初のプロセス、いわゆるアイディエーションは、当然ながら既存事業のアセットありきで進めるべきです。既存事業のアセットを生かせるアイディアのみが

「是」なのです。

そもそも、既存事業のアセットを使わないアイディアでは、大企業が満足する規模にはたどり着かないか、大企業が自社でやる意義を見出しづらいアイディアのどちらかになるでしょう。つまりは承認を得られないアイディアになってしまう恐れがあります。

ただ、アイディエーション後のＰｏＣフェーズでは、いったんできるだけ既存事業から離れた場所に行くことがポイントになります。既存事業は完成された事業であり、新たに創る事業は今から創るもの、つまりステージが大きく異なるため、このタイミングで二つを混ぜることはできません。ここで混ぜようとするから強い拒否反応が起きるのです。できれば完全分離が望ましいですが、完全な分離が不可能な場合は、なるべく接地面を小さくすることが必要になります。

そして、既存事業と離れた場所でひっそり育て続けた新たな事業の種がいよいよ収益を見込めるようになったタイミングで、一気に既存事業の巨大アセットに乗せて拡大させます。ここで既存事業との距離が一気に縮まります。巨大アセットの使い所はここになります。巨大アセットは、種を育てるフェーズではなく、グロース（拡大）フェーズでこそ生きるのです。

小さな単位で成り立った新たな事業の種を、巨大アセットを使って広い領域に広めるよう

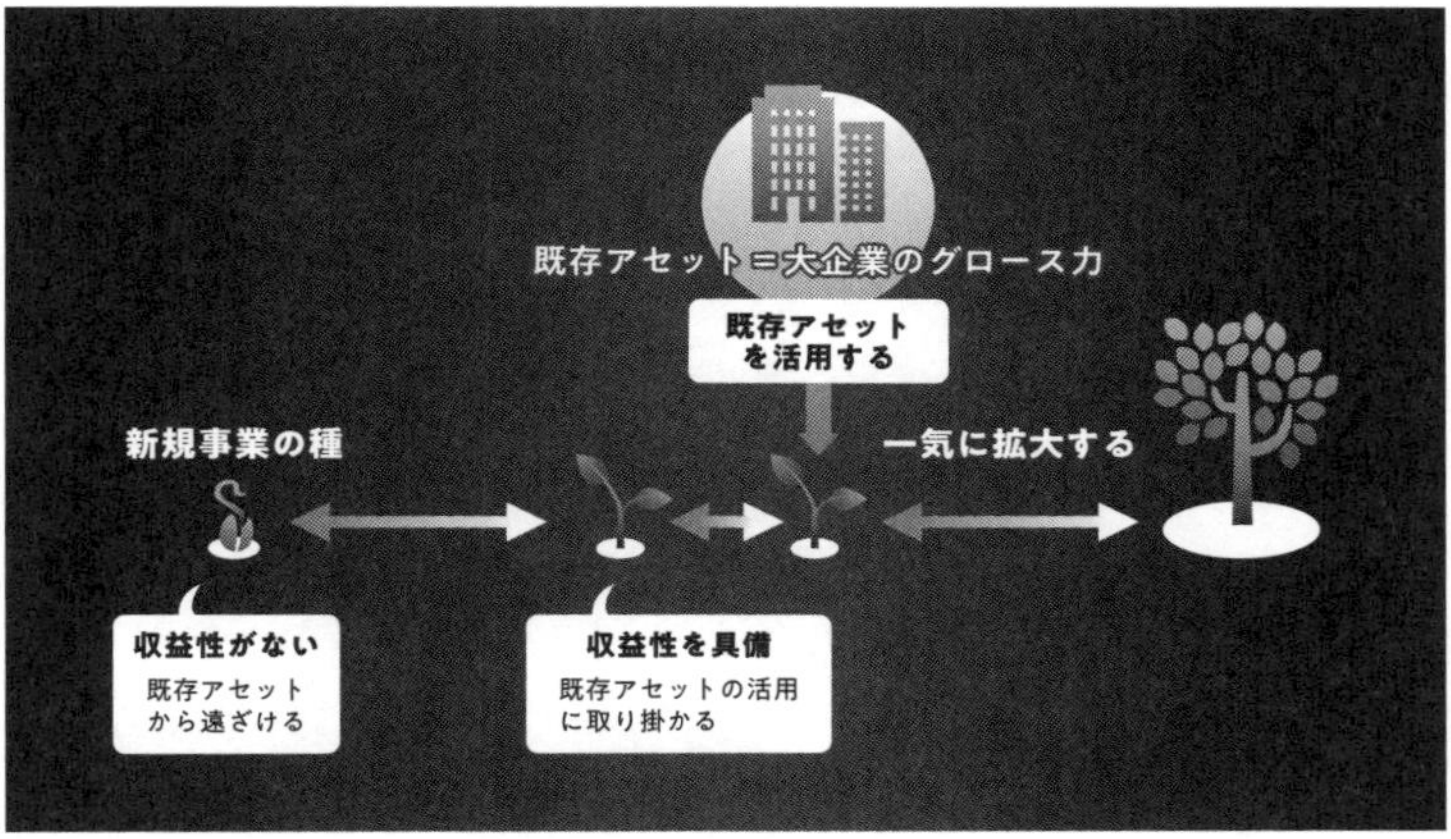

なイメージです。具体的には、あるサービスを瞬く間に日本全国に展開する、ある製品を一気に大量に作る、既存の顧客接点を最大限に活用する、多額のお金で世の認知を買う。このように大企業はそのアセット効果により新規事業を一気に拡大することが可能なのです。

なお、収益を見込めるようになれば、途端に既存事業側との噛み合わせが良くなるでしょう。他部門からの冷ややかな目が、一気に新たな収益への期待の目に変わります。何をやっているのかわからなかったチームが、期待の新参者に変わるのです。

1章で「大企業のお金は他人のお金であり、慎重に使われる」と述べましたが、収益が見込めるなら「使え」の一択になるのも大企業が他人のお金を預かっているからこその特徴です。

スタートアップでは、このような一気呵成のグロースが不可能です。スタートアップは、新たな事業の種が収益を見込めるようになると、グロースの壁に当たります。自前でさまざまに行うには多額の資金調達が必要になるし、何より、会社の構造を急激に変えていかなくてはなりません。相応の年月が必要になるでしょう。

グロースするということは大企業に向かっていくということであり、そこに想像以上の大きなギャップがあることから、その期間の苦しみは「成長痛」と表現されたりします。

さらに言えば、経営者にも社員にも、経営条件、人材条件が大きく変わることへの抵抗が芽生えます。よって、スタートアップのグロースは、グロースフェーズと相性の良い大企業を頼るケースが多いです。大企業による当該スタートアップのM＆Aですね。

このように、大企業は先人たちの残存物を使って、一気にグロースすることができる。スタートアップの事業創造側には存在しない打ち手のカードが、大企業の事業創造側には用意されているのです。

硬直は洗練と組織力の裏返し

大企業の方々は、自社の組織について硬直的だと謙遜します。そして、新たな事業を立ち上げられない大きな理由の一つとして自社の組織・体制を挙げるでしょう。ただし、自社の組織が硬直的だという発言・考えも、新たな事業の種を既存組織に寄りながら育てようとしているがゆえの発言になります。

ある面からは硬直的に見える組織も、ある面から見ると、オペレーションエクセレンスが突き詰められた、洗練された組織になるのです。堅い組織とは、言い換えれば、一切の無駄がない一糸乱れぬ組織です。

そこに違う色を混ぜようとすることが間違っているのではないでしょうか。大企業の組織は、合わないものは流さないが、合うものは力強く効率よく流すことができます。この摂理に従って、合うものを流すことだけを考えるべきなのです。

NTTドコモ時代を振り返ると、東京本社のフォーマルな会議体で話した方針が、あっという間に日本全国の津々浦々のドコモショップで実現されていくことを何度も体験しました。そういう組織とコミュニケーションパスが構築されている、ということです。形は違っても、多くの大企業が同じ環境だと推測します。

この環境は、大企業にいると当たり前に感じますが、スタートアップから見ると羨望の的でしかありません。あるサービスを瞬く間に全国津々浦々の顧客接点に展開できるということを夢のように感じないスタートアップはいないでしょう。このような素晴らしいネットワークとして機能する組織を硬直的と謙遜する必要はありません。

丁寧に時代を遡れば、先人たちが長い時間をかけて、日本全国に一つずつ支社、支店、店舗を作り、フォーマルなコミュニケーション手段としてさまざまな組織、会議体を設計し、このようなコミュニケーションパスを構築してきたのです。

そして何より、その組織の中で働く人は誰一人、手を抜かない、もしくは誰が欠けてもフォローできる体制があります。スタートアップの中で、「大企業の組織力」「大企業のネットワーク」という言葉は、ポジティブな意味での頻出ワードになっています。

自社の組織が柔軟性に欠けた硬直的な組織と映るのは、不適切なタイミングで異物を流すからです。混ぜるタイミングを合わせれば、圧倒的な展開力と推進力を持つ組織であることは疑いようがありません。大企業が柔軟に動けないことを「大企業病」などと揶揄しますが、ある目的における最高の装置を、別の目的で使おうとしているから異常に見えるだけの話です。

もちろん、それぞれの現状の組織・体制にさらなる改善の余地がないとは考えません。BPRや改善を重ねる活動に終わりはありません。ただ、少なくとも大企業の組織は病に侵されてはいないことは確かです。

収益性を見込めたタイミングで自社の組織を眺めてください。どこまでも頼もしく健全に機能していることがわかるはずです。

企業としての最終進化形態が大企業

スタートアップを経験すると、大企業の力をまざまざと感じます。

例えば人材。毎年、高偏差値の新卒応募を一手に集め数ステップで見極めた上で、慎重にかつ大量に採用・研修し、各組織に配属した上で、ＯＪＴや評価制度を使って、それぞれを立派な一人前に育てていくことができます。

ステージに合わせた追加研修を行いつつ、さりげなく組織を跨いだ同僚同士のふれ合いも確保して、仕事の幅を広げやすい人間関係作りまでをサポート。退職リスクも排除できるよう、抜かりなく上司やメンターと対話できる仕組みが構築されており、何よりもエース社員が途中退職しようとも、送別会で明るく見送りながら、びくともせずに洗練されたオペレーションをしっかりと継続していく組織としての厚さがあります。

大きなコストをかけてこのような仕組みを構築しながら、確実に事業利益を出していける。

「素晴らしい」の一言以外が浮かびません。

一度、スタートアップになったつもりで、自社が成し遂げていることを確認いただきたい。自社の既存事業は本当に素晴らしい状態にたどり着いているでしょう。巷のスタートアップ、中小、中堅企業たちがこの状態にたどり着けるでしょうか。たどり着くには何年かかるでしょうか。

スタートアップの場合、急速に拡大し、大企業への道を歩み始めると、さまざまなひずみを生じます。さきほども触れた「成長痛」ですね。

顧客や社会的責任が変わると、必要なメンバーが大きく変わります。かつ、一気に多くのメンバーが必要になるでしょう。そして、そのメンバーを治める組織、体制、メンバーが取り組む業務といったすべてを洗練させる必要に迫られるのです。

例えば、コーポレート部門の出番が増える。コミュニケーションがどんどんと複雑になる。あるいは、今までは経営層に見守られている前提で、思い思いの道を走ってきた社員たちだが、規模が大きくなると明示された目標と評価軸なしでは走る方向が定まらなくなり、中間管理職が必要になるといった具合です。

至るところに仕組みとマニュアルが必要になり、当然、内部監視の目も重要になります。柔い集団に重い荷物は背負えません。成長痛を乗り越えるということは、柔い集団を、堅くて壊れない集団に変えていくということです。さらに、環境変化に合わせて、頑丈さを維持しながらも、絶えない変化も目指していくという難しいミッションが求められます。

こうしてみると、なかなかにタフな変革であることがわかるでしょう。大企業は、このタフな変革を無事完遂した企業であり、その姿は最終進化形態と呼ぶに相応しいのです。

そして、ここに新たな事業を加えていく。やはり、スタートアップのそれとはまったく異なります。ゼロからスタートするわけではありません。成長するための、あるいは成長後の安定維持のためのあらゆる仕組みがすでに整った状態からのスタートです。

スタートアップが数十年かけてやり遂げるべきことがすでにできているので、親が興した巨大会社の跡取りと言えばいいのかもしれません。着実にやるべきことをやりきれば、収まるべき場所がすでに用意されているような状況。一代で富を築く、確率の低い道のりではない、贅沢極まりない環境だと言えるでしょう。

スタートアップから見ると、大企業は時代遅れの塊にはまったく見えないのです。むしろ、スタートアップが必死に目指す場所に何年も前にたどり着き、その席を譲らない強者。そのような立場にも関わらず、隣の芝を青く見て、スタートアップの世界に顔を出すなんて滑稽そのものです。大企業の新たな事業創造は非常に恵まれた環境で行うものだと理解してください。

大企業は世界を変え得る希少な権利を持つ

世間には、世界を変えるのはスタートアップであるという風潮があります。カジュアルな服装で、ハードを持たずに、パソコン一つで軽やかに働く彼らこそが新時代の主役であり、一方で大企業は文字通りレガシーで、時代遅れになることを、またはディスラプトされることを待つだけの愚鈍な巨人だと思っている人がいます。

ここで、私がスタートアップを体験して最も痛感したことを伝えたいと思います。「パソコン一つで軽やかに働く彼らは、パソコン一つしか持っていないのだ」と。

改めて世の中を見渡せば、世の中はハードの集積体です。時代がいかに進化しようともハードがベースにあり、それをソフトが動かすというハード中心の構造は変わりません。ハードこそがインフラであり、ハードが担う役割は小さくないのです。そして、そのハードのほぼすべては大企業の手中にあります。

スタートアップを興すにあたって、多くのハードが必要な事業領域を狙える可能性は低いでしょう。初期段階から、特筆した技術、一定の資金または確度の高い資本政策、タフな胆力などが必要になるからです。だから、スタートアップの多くがハードを避けたデジタル一辺倒の領域を選ぶのです。自分の経験を振り返っても、なかなかハードに向かうイメージは持ちづらいですし、もっと率直に言えば、何らかのコネクション抜きでは討ち死にするイメージしか持てません。

そして、ハードを避けた瞬間に、高確率で世の中のコア（規模の大きな業界の中心領域）から離れていきます。ハードから離れながら規模を求めるならば、人数をひたすらに増やしていく工数ビジネスに向かうか、未だにインターネットの恩恵が届いていない領域を探すしかないでしょう。しかし、そのどちらもまた、覚悟が必要な向かいづらい領域になります。

しばらく前に、飲食業界を中心に注目を集めるデジタル系スタートアップと深く関わる機会がありました。名だたる大企業たちから多額の資金を集めている新進気鋭のスタートアップで、メンバーも素晴らしい能力の持ち主たち。ただ、そんな方たちからこんな発言がありました。

「ＰＯＳの領域には手を出せない」

これは非常に的を射たもので、飲食業界でＰＯＳの領域を狙うとハードの世界に踏み入れることになり、担う責任が一気に増え、24時間３６５日の現地サポートが必要になってくるのです。ＰＯＳの前に立つハードルの高さは痛いほどわかります。

とはいえ、飲食業界のシステムの肝はＰＯＳです。ＰＯＳを中心にすべてのシステム、そして業務が設計されているので、そのＰＯＳに入り込めないなら、いつまでも業界の中心プレーヤーにはなりようがありません。

そして、業界の中心は何と言っても実店舗というハードを持つプレーヤー、大手の飲食チェーンたちです。彼らが周辺プレーヤーの生殺与奪権を持っています。

これまで述べてきたことからわかるように、改めてハードが担っている役割を再確認してほしいです。確かに、スタートアップは世の中に新しい風を運んでくるでしょう。時にその風が世界を変えることもあります。ただ、それは数十年に一度の技術革新、または社会の構造変化をベースとしたハリケーンだけなのです。今この瞬間にスタートアップが運んできた風を生かして、または自ら風を起こして世界を変え得る存在は、大企業しかないではありませんか。

私と仲の良いシリアルアントレプレナーは、ある一定額までの事業であれば、ほとんどを予定通りに立ち上げる自信があると話していました。これまでの複数の大型資金調達、事業立ち上げ、その後の大型事業売却の実績を見れば、納得できるコメントです。ただ、そんな彼に、大企業が納得し得る額までに事業を伸ばせるか、社会全般に大きなインパクトを与えられるかと問うと、それは大企業の仕事だよ、という言葉が返ってきました。スタートアップという立場でコアな領域に侵入し大きな額を目指して戦うことは、大企業の方々が考えるよりも、はるかに難しいのです。

昔、世の中の全業界のトップ企業たちがディスラプトされていくといった本がありました。最終的にはそうなるのかもしれません。ただ、ある業界の雄をディスラプトできる確率が高いのは、別の業界の雄であり、ゼロから始めるスタートアップたちではないと思っています。コアにいけないプレーヤーは最初から世界を変える権利を持てないことが多く、結局、その権利はさまざまな時代背景も武器にコアな領域の雄となった大企業のみが持ち得るのです。

世界は自分一人では変えられないし、10人の気の合う仲間とも変えられません。さまざまなポジションを担う、さまざまな方に受け入れられて、初めて多くの人々に働きかけられる事業となります。だからこそ、世界を変える権利は、大企業の手元から離れないのです。

したがって、大企業の方々には、自分たちが持つ世界を変える権利を今一度認識し、その権利の効力を最大限発揮するために、コアな領域だけを狙ってほしいです。

事業構想を始める前のオリエンテーションでは数百億、数千億円規模の売上を目指そうなどと吹聴するわりに、アイディエーションが終わるころには、実際のイメージが付きやすいからか、取れる予算を考えてのことか、今風のサービスを狙いたいからなのか、スタートアップでも狙えるような領域、事業を選ぶことがよくあります。

最初からコアを狙ってください。大企業には、それしか求められていないのですから。大企業が成すべき、大企業にしか狙えない新たな事業創造に取り組むのです。大企業のチームには、多くの人に良い影響を与える事業を創っていただきたい。

まとめ

第3章　大企業の事業創造における神髄ポイント

▼偉大なサバイバー

「大企業の事業創造は、既存の巨大アセットをどう別の領域に振り分け、どう新たな利益の源泉を掘り起こすべきか、という命題を解くもの」

大企業はハード、資金、システム、特許、業務プロセス、組織、ネットワーク、社会的信用などの巨大なアセットを持ちます。大企業の事業創造チームは、これら先人たちの積み重ねを活用して新たな事業を創造すべきです。

▼大企業のグロース成長力

「既存事業と離れた場所でひっそり育て続けた新たな事業の種がいよいよ収益を見込めるようになったタイミングで、それを既存事業の巨大アセットに乗せて一気に拡大させる」

大企業は新規事業において収益が見込めることさえわかれば、既存アセットを使って一気に拡大することができます。大企業が積み上げてきた巨大アセットは、種を育てるフェーズではなく、グロースフェーズでこそ生きます。

▼硬直は洗練と組織力の裏返し

「自社の組織が柔軟性に欠けた硬直的な組織と映るのは、新規事業と既存事業を混ぜるタイミングが早いからです。混ぜるタイミングを合わせれば、圧倒的な展開力と推進力を持つ組織であることは疑いようがありません」

大企業が柔軟に動けないことを「大企業病」などと揶揄しますが、ある目的における最高の装置を、別の目的で使おうとしているから異常に見えるだけの話です。ある面からは硬直的に見える組織も、ある面から見ると、オペレーションエクセレンスが突き詰められた、洗練された組織になるのです。

▼企業としての最終進化形態が大企業

「大企業はスタートアップが数十年かけてやり遂げるべきことがすでにできている状況。着実にやるべきことをやりきれば、収まるべき場所がすでに用意されている贅沢極まりない環境」

スタートアップから見ると、大企業は時代遅れの塊どころか、スタートアップが必死に目指す場所に何年も前にたどり着き、その席を譲らない強者で、企業としての最終進化形態と呼ぶに相応しい存在です。

▼大企業は世界を変え得る希少な権利を持つ

「コアを狙う。大企業には、それしか求められていない。大企業が成すべき、大企業にしか狙えない新たな事業創造に取り組むべき」

世界は数人の気の合う仲間だけでは変えられません。多くの場合、ハードが必要になります。だからこそ、世界を変える権利は、大企業の手元から離れないのです。大企業の方々には、自分たちが持つ世界を変える権利を今一度認識し、その権利の効力を最大限発揮するために、コアな領域（規模の大きな業界の中心領域）を狙ってほしいです。

4章

成功する大企業の事業創造

大企業の特性、ウィークポイント、さらには大企業だけが持つ稀有な権利などを、新たな事業創造という観点をベースにお伝えしてきました。ここでは、大企業が事業創造において狙う領域とやり方の肝について詳細に説明していきます。

始めに弱く、後ろに強い

本題に入るまえにまず、今まで述べてきたことを一度まとめましょう。大企業の事業創造はゼロから積み上げることではなく、先人たちが積み上げた既存アセットを最大限活用して、別の収益を見出すことが命題です。大きな事業規模を生み出すために、偶然空いているホワイトスペースではなく、堂々とコアな領域を狙うべきなのです。

大企業は、企業の最終形態にまで進化し切っているため、簡単に意思決定ができません。馬鹿の山にある柔い絵餅を信じて意思決定するほど、頼りない組織ではないのです。既存アセットは新たな事業創造の最初の柔いフェーズとはまったく合わないでしょう。大体の事業創造プロジェクトがこの初期フェーズの時点で頓挫します。ただし、実は新たな事業の種が

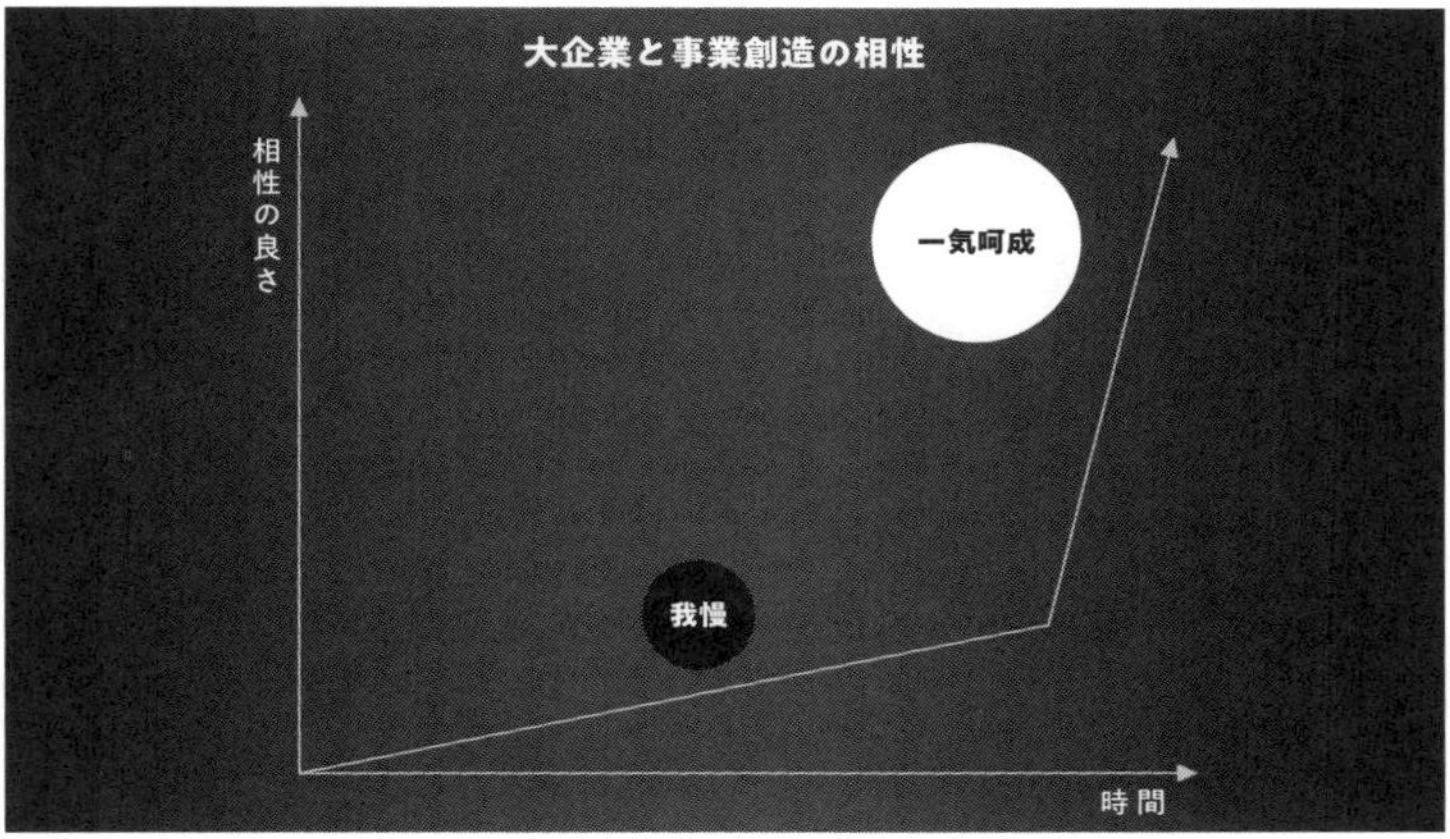

収益性を帯びると、一気に既存アセットとのかみ合わせが良くなります。既存アセットは、そこからのグロースで圧倒的な効力を発揮します。

詳細は後述しますが、結論として、大企業は特性上、狙う領域においてもプロジェクトの推進においても始めが弱く、時間が経過するとともに力を発揮できます。本書が主張する内容と、多くの類書やインターネットにある提言と比較すると、多くの場合、この特性の考慮が大きな違いとなっています。

私は実務家としての側面が強いからか、この特性を意識せずにはいられないのです。ですので、ここからも始めに弱く、後ろに強いという特性を前提とした、事業創造について語ります。平たく言えば、最初は我慢、最後に一気呵成。これが成功イメージになります。

事業創造3つのパターン

まずは、大企業が狙うべき事業創造領域・パターンについて説明します。事業創造と一言で言っても、実際は大きく分けて3つの領域・パターンがあります。一つずつについて概要を確認しつつ、大企業向きなのか、スタートアップ向きなのかを伝えます。

大企業の事業創造と、スタートアップの事業創造がまったく違うものだと伝えてきましたが、いよいよそれを具体的に説明していきます。市場の形成度合いを軸に領域・パターンを分類することを前提に以下を確認してください。

事業創造パターン1は、まだ誰も見ぬ市場を創ることを目指すパターンです。今はない市場をゼロから創る。ゼロから創るために長い時間がかかりますので、1円の売上も得ずに散るケースも無数にある一方で、これを成し遂げれば当該領域で生涯語り継がれる存在になるというハイリスク、ハイリターンの花形パターンになります。

このパターンこそがスタートアップの領域であると言えるでしょう。むしろ、この領域に取り組む企業をスタートアップと呼ぶのです。スタートアップのアイディエーションとは、誰も気がついていないホワイトスペースを探すことです。

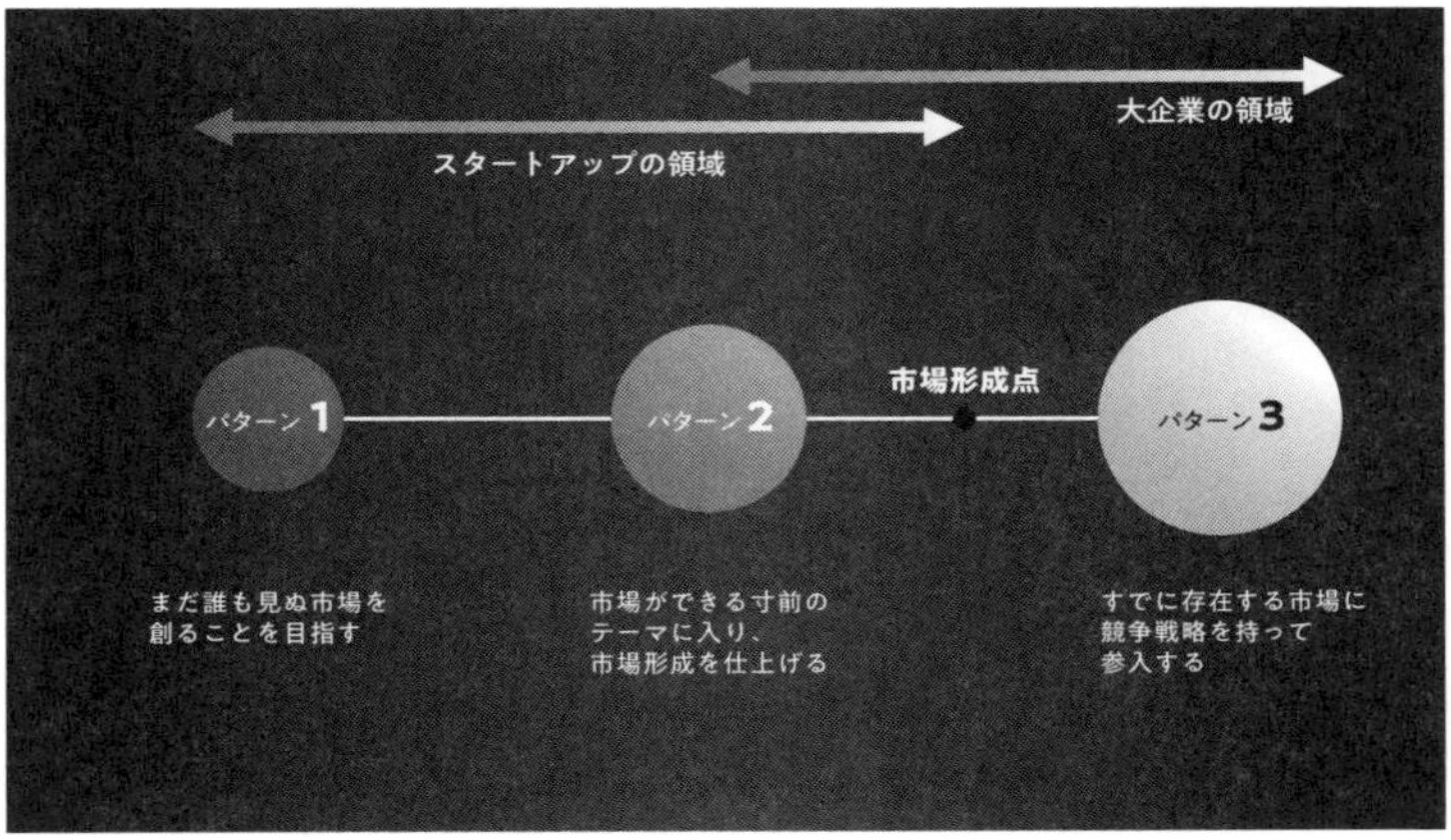

そして、それを見つけ次第、時間をかけて、お金の工面をしながら、愚直に事業化を目指していくことになります。ただ、今この瞬間に〝大きなホワイトスペース〟という都合の良い領域はなかなか存在しないため、現実的には小さなサイズを狙いに行くか、さらに時間がかかることを受け入れて、まだ誰も採用していない技術・仕組みを持って大きなサイズを狙いに行くかの二択となります。後者のパターンが上述した数十年に一度のハリケーンを狙うイメージです。

ただ、大きなサイズを狙う場合は、さらに時間や資金がかかることを踏まえたうえで、自分たちで狙えるか、という自問自答が付きまとうでしょう。私がスタートアップを体験して感じたことは、事業創造において十分な教育を受けているか、一度成功して大きな資本を持っているか、一種のクレイジーと呼ばれる自信家でないとなかなかハリケーン狙いは難しいというものです。実際、多くのスタートアップが規模の小さなホワイトスペースを狙って活動しています。

1章から述べている通り、大企業による新たな事業創造のほとんどの失敗は、スタートアップの参考書を持って、このパターンに挑もうとするために起きています。ゼロからのスタートであるために、市場形成の確度は低く、時間がかかる。お金の使い方という観点でも、どうしてもギャンブル的要素が強くなる。さらに、規模は小さくなりがちです。とこれだけを見ても、大企業の事業創造の要件を満たしていないことがわかるでしょう。ここを選んだ時点で、意思決定の土俵にも立てないのです。

次のハリケーンを狙う場合は虎視眈々と好機が訪れるのを待つ必要があります。また、最初から多額の研究開発費を惜しみなくつぎ込んでいく姿勢も重要になります。大企業にとっては非常に扱いづらいプロジェクトとなるでしょう。なお、時間をかけるということは、大企業の一番のストロングポイントである既存アセットを活用したグロース力を延々眠らせておくことになり、それは戦略論の基本からも外れてしまっています。あらゆる面から見て、このパターンと大企業の特性は合いません。もはや別世界と見るほうが賢明です。

大企業がこのパターンを狙うケースとして唯一理解できるのは、別の大企業が担っている大きな事業に対して、別の切り口から大胆なディスラプトを仕掛けるパターンです。一から市場を創るのは一緒ですが、事業のビジネスモデル＝お金の出どころや規模は担保され、実質は競争戦略（後から述べるパターン3）に近いため、ゼロからのパターンと比較しても市場形成までの時間も早いし、お金をかける妥当性もある程度は理解されるものになるでしょう。

ただ、難度が低くなるわけではないし、最初から相応の覚悟を持った投資が必要となることも変わりません。ディスラプトを狙い得る強い技術を持っている、またはデジタル化を一気に狙えるシチュエーションにいるといったいくつかの限定的な状況を除き、「大企業が狙うパターンではない」が第一結論となります。

なお、技術を持った大企業の中に、ある特異な技術が存在し、長い時間をかけてそれを事業化していこうとするケースがあるのですが、その際は、スタートアップを別に作りそこにその事業を渡して、その箱の中で事業化を狙わせるのが良いでしょう。日本の大企業の中で、そのような成功事例もあります。

繰り返しになりますが、「ゼロから創る」パターンは市場形成の確度は低く、時間がかかります。さらにお金の使い方としてギャンブル要素が強く、既存アセットによるグロース力もしばらくは使えません。この領域・パターンは、大企業という構造体ではなく、スタートアップという構造体で狙ったほうが良いものです。

事業創造パターン2は、多くのスタートアップがパターン1として挑んだテーマの内、市場ができる寸前までこぎつけたテーマに絞って入り込み、そこから一緒になって市場形成を仕上げるパターンになります。

こちらもリスクがないわけではありませんが、パターン1と比べるとはるかに低く、市場形成までの時間も短いため、大企業が積極的に入っていけるパターンだと言えます。成功イメージとしては、市場ができる寸前のテーマに入り、自らのグロース力を使って一気に大きな市場へ育てていくといったものです。

具体的には自らが当該テーマをゼロから追いかけるのではなく、その時点で生き残っている有望スタートアップに出資し、当該スタートアップと一緒に市場形成を仕上げていく投資案件になりますので、大企業領域の事業創造と言えるでしょう。スタートアップからしても、このパターンは王道の出口であり、エコシステムと言われる仕組みの一端でもあります。

スタートアップは、収益性を持った新たな事業の種を作れたとしても、そこからグロースの壁に当たると前に述べました。成長痛という、できることなら避けたい痛みも待っています。スタートアップ経営者と大企業経営者は求められる要件が異なるため、大企業経営者になりたくないスタートアップ経営者も多いので、まさにこのタイミングで大企業を頼るのです。スタートアップと大企業が一体化し、スタートアップが築いてきた事業を大企業の巨大アセットを使って、一気にグロースする。お互いにとって理にかなっています。

このパターンを想定して、CVC（コーポレート・ベンチャー・キャピタル）を作っている大企業も多いですが、このパターンを選択する大企業に問われるのは、テーマそのもの、そのテーマの最終市場規模、スタートアップの面々と活動内容、市場の形成度などを見極める力になります。私はコンサルタントとして、このケースのBDD（買収企業の事業活動調査）に多く参画していますが、大企業側がスタートアップの考え方や実態を知らずに、スタートアップ側が提示する事業計画を正しく評価できていなかったシーンを多く見かけました。市場形成されそうでされなかったテーマが無数にあることにも留意し、冷静かつ多面的に見極めていく必要があります。

無論、出資のタイミングも重要な論点です。タイミングによって評価額は大きく変わります。さらに、出資が上手くまとまっても、その後にはスタートアップと大企業という別世界の構造体を上手く一体化して、市場形成に向かわなければいけないという最大の難関も待ち受けています。大企業側のアセットとどのタイミングで、どの程度混ぜるかを考えながら、膨大な一体化作業を一つずつ進める必要があるでしょう。事業創造の王道パターンではありますが、簡単ではないという評価が正しいです。

なお、このパターンを念頭に置くと、スタートアップは大企業の新規事業創出部門であるという見方ができます。スタートアップと大企業の正しい関係性を学ぶことで、事業創造の成功確率がぐっと上がることでしょう。

事業創造パターン3はすでに出来上がった大きな市場を持っているテーマ、つまりはある既存大規模業界に競争戦略を持って参入するパターンです。非常にシンプルかつ大胆に市場参入し、シェアの一部を奪うのです。または市場を少し押し広げ、その広がった部分のパイを食べるといったものになります。日本の大企業における新たな事業創造の成功事例はほとんどがこのパターンに当てはまります。

新たな事業を創るよう命じられ、既存事業の延長戦上にはない新しいものをと言われた段階で、多くの事業創造チームがパターン1、2を想像するでしょう。しかし、実際に最も大企業の特性に合っている事業創造はこのパターン3なのです。

パターン1、2よりも圧倒的に先が読みやすいという意味でリスクは低いし、市場がすでに出来上がっているために直ちに売上を上げられる可能性があり、規模も見えています。既存アセットを使って、短期間で当該業界のリーディングカンパニーと肩を並べにいくことも可能でしょう。まさに大企業向きのパターンです。

とはいえ、競争優位性をどう持つか、実際に持てるか、どの程度の新しさをどのタイミングから出していくか、それでどこまでシェアが取れるかなどを把握しながら計画を立てていくという、エキサイティングな事業創造のステップを辿る必要があり、参入と聞くとつまらなく聞こえるかもしれませんが、他のパターン同様に、山あり谷ありの冒険的な道のりには変わりありません。大きなプレーヤーが支配する大きな業界への殴り込みいう表現が正しいでしょう。

実際に私は3つのパターンをすべて体験していますが、最もエキサイティングに感じるのはパターン3です。パターン1、2とは比較にならない速さで、比較にならない規模を目指す日がやってきます。また、パターン1、2とは異なり、ターゲットが近くに見え続けている状態なので、最初から臨場感、高揚感を感じずにはいられないのです。

当然、既存事業と離れた業界を目指す以上、その業界となじむための難しい時間を過ごす必要もあり、他のパターンよりも理解が得やすいとはいえ、規模が大きいコアな領域を狙う分、必要になるお金は決して安いものにはなりません。継続的に大きな額の承認を得ながらプロジェクトを進めていくことになるでしょう。だからこそ、このパターン3も決して簡単とは言えません。ただ、大企業の構想前の発言通り、限られた時間で、100億円、1000億円規模の新たな収益を本当に求めるなら、この領域を目指すしかないことを強く伝えておきます。

以上が、事業創造において狙いうる領域・パターンであり、大企業との相性になります。

もしあなたがパターン1を狙いたいと感じたなら、スタートアップ志向が強いということであり、率直に言えばスタートアップに転職したほうがいいでしょう。大企業の事業創造では、ゼロから市場を作る面白さを感じることが難しいことを知ってください。一方でパターン3を狙いたいと思うなら、大企業の事業創造に向いていると言えます。短い時間で巨額の収益を狙う大企業ならではの面白みがあります。

パターン3の成し方については、自らの力で最後まで成し遂げるケースもあれば、M＆Aを基点に成し遂げるケースもあります。

もちろん、この規模のM＆Aになれば、タイミングや巡り合わせの側面も強いですが、どのような手法を採るにせよ、大きな案件であることは間違いありません。ここで肝となる競争戦略に、少しのディスラプト性を足していけば、世界を変えるという表現も大げさでなくなってくるでしょう。

事業創造という言葉の定義は非常に曖昧で、多くの場合はリクエストを出す方も受ける方も、どのパターンを狙うのかが曖昧なままプロジェクトが進みます。大きく言えば、最初からいずれかのパターンに絞ってプロジェクトを進めるという方法でも、プロジェクトを進めながら狙うパターンを固めていく方法でもどちらでも良いと思います。

ただ、事業創造のパターンが大きくはこの3つであること、そして何より、大企業の事業創造領域がパターン2と3であることは、プロジェクトメンバー全員が必須知識として持っておくことが重要です。

「過度な期待」に要注意

ここでは主にパターン2を狙う場合を念頭に、ガートナー社のハイプ・サイクルを使って、市場が形成されるまでの変遷を説明します。ハイプ・サイクルとは、市場の期待度が時間の変化とともに辿る推移と、その時点のトレンドテーマがどの段階にいるかを表している概念及び図です。この図の対象がインフラ・テクノロジーのみであり、言葉遣いもそれらに適した内容になっていることはご留意ください。

まず、このハイプ・サイクルとこれまでに説明した内容を組み合わせることを試みたいと思います。ここでは、「市場ができる」という言葉を、その事業単独で利益を出せるプレーヤーが登場するという意味で使っています。そして、その市場ができるタイミングを「市場形成点」と呼んでおり、それをハイプ・サイクル上にプロットするとなると、啓発期にその点が描かれます。その右の生産性の安定期が市場として安定した状態で、大企業の既存事業はすべてこの段階にあります。

一方、市場形成前には、黎明期、「過度な期待」のピーク期、幻滅期が存在。黎明期から徐々に期待度が上がって市場形成されるのではなく、ピークに達した期待度が一度下がって、再浮上し市場が形成されるのです。この推移が市場の原理を正確に表しているとして、この図が支持されていると考えています。

前段の事業創造パターンでいえば、パターン1は黎明期のテーマに挑むものになります。リスクが高く、時間がかかることが一目瞭然。パターン3は少なくとも啓発期の終盤、多くは生産性の安定期のテーマに入り込むところでしょうか。リスクは少なく、すぐに売上を得られる可能性が高いことが直観的に理解できると思います。

この図を使って、最も理解が深まるのはパターン2です。パターン2は、「過度な期待」のピーク期から幻滅期のテーマの主力スタートアップに投資し、市場形成直前からそのスタートアップと一緒に、そのテーマに取り組むということになります。

「過度な期待」のピーク期は、わかりやすく言えば、そのテーマについてメディアが連日取り上げ、大企業も乗り遅れまいとＰｏＣを開始したり、スタートアップへの出資に躍起にな

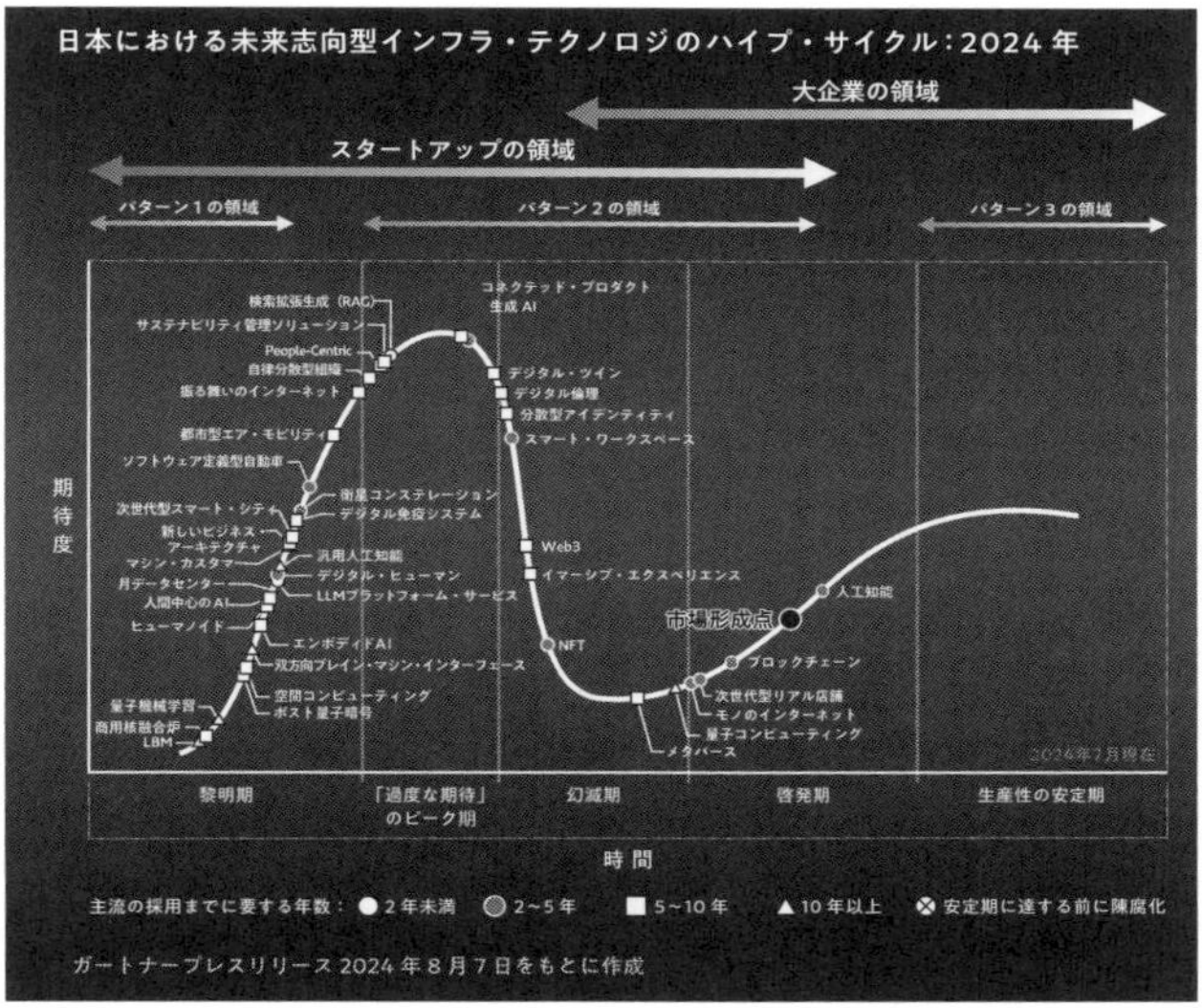

ガートナープレスリリース2024年8月7日をもとに作成

る時期です。今までも数えきれないほどのテーマがこのような時期を過ごしてきました。

ただし、実はこの時期は騒乱期に過ぎず、リスクヘッジを志向するならば、投資時期としては早すぎます。まだ、この時点では当該テーマが市場を創るのかはわからないのです。むしろ、新しいテーマはここから一度ぐっと下に落ちます。この認識が重要になります。ここから這い上がったものだけが新しい市場の完成に向かっていくのです。

つまり、新たな市場が形成されるサインは、「過度な期待」のピーク期ではなく、ダウントレンド期である幻滅期に現れます。市場ができないというリスクを減らしたいなら、パターン2の投資検討はこの時期のテーマに行うべきです。

私が過去に深く関わったテーマの一つに、自動車業界の「ＣＡＳＥ」「ＭａａＳ」があります。前者は、自動車の電動化・自動化が進み、通信機能が具備され・シェアリングされていくという流れを表した、車の未来を示すキーワードとして定着した用語です。後者は、すべての交通手段による移動を一つのサービスでシームレスに完結させる取り組みを表す用語になります。

当時はちょうどこれが「過度な期待」のピークにいる頃で、ビジネスメディアは連日にわたって、これらに関する記事を書き続け、多くの大企業がこのテーマに関心を示すようになりました。それに合わせて大手コンサルティングファームは、このテーマに知見があることを示すために一斉に普及予測、ホワイトペーパー、書籍を出したものです。

ただ、私があるプロジェクトで1年をかけて、当該テーマを詳細に調査すればするほど、専門家と話し込めば話し込むほどに、具体的な課題が見つかり、その解決、すなわちテーマの実現には長い時間がかかることがわかりました。熱狂的に参入が報じられた巨大グローバルカンパニーが撤退を決めたニュースも専門家からしてみれば驚きではありませんでした。実際に今の時点で「ＣＡＳＥ」「ＭａａＳ」を取り上げているメディアがどれほどあるでしょうか。

言うまでもないですが、耳目を集める記事を書き、出版物、デジタルメディア、付随する広告を販売することがメディアのビジネスです。そう考えると、メディアに取り上げるタイミングは早い方が良い、ということになります。情報で大切なのは鮮度です。派手な演出を加えて颯爽と登場させるのです。皆が知った後に幻滅しているダウントレンド中に行われる地道な取り組みでは耳目は集められません。

繰り返しですが、事業創造に関わる者として確実に押さえておきたいことは、実際に市場創造ができるかどうかはピーク期ではなくダウントレンド中の振る舞いによる、ということです。ダウントレンドを正確に説明すれば、挫折をしながら、少しずつ課題を解消していく市場への適合期。この地道な適合処理を連続した後に市場が待っています。確実性を重視するなら、この瞬間の状態を調査するべきです。皆、メディアに煽られ飛びつくのが早すぎるのです。

もちろん、大企業が飛びついて、出資やＰｏＣをするからこそ、幻滅期に進めるという見方もあるので、すべての大企業が慎重になることは社会にとって有意義ではありません。ただ、事業創造リテラシーの高い大企業はピーク期では飛びつかず、皆がそっぽを向き始めたダウントレンド期に注目します。少なくとも事業創造パターン2を志向する際は、この市場のメカニズム上のタイムラグを確実に頭に入れてください。

巨体を動かすために必要なたった一言の指示書

大企業が狙うべき事業創造領域・パターンについて理解を共有してきましたが、結論は、できるだけハイプ・サイクルでいう右側にある規模の大きな領域をパターン3で狙う。次点がダウントレンド領域のテーマをパターン2で狙うことになります。

次はプロジェクトの進め方について説明します。この章の最初に伝えたように、大企業は始めより後ろで力を発揮できます。進め方も同じ。最初に弱く、後ろに強いという大企業の特性に着目し、それに沿った方法で進めることが重要です。パターン2を狙うにしろ、パターン3を狙うにしろ、そこにパターン1のディスラプト志向を少し混ぜていくにしろ、目指すべき進め方はすべて同じになります。

ここで話をわかりやすくするために、大企業を巨大ロボットに例えます。体は大きく、柔軟には動かない。すでに述べてきたことの象徴ですね。複雑な命令文で無理やり動かそうとしても、びくともしない。ただ、実際は膨大な時間とお金をかけて作った最高のプログラムが詰め込まれています。そして、実は非常にシンプルな方針の基に、すべてのプログラムが作られているのです。

シンプルな方針とは「儲かるなら動け」です。株式会社が資本主義という原理に対して忠実に動いている以上、儲かるなら動くしかない。つまりは、「儲かる」という一言が書かれた指示書があれば、巨大ロボットは類を見ない出力で駆動します。逆に「儲かる」の一言がない以上、どんなに膨大な資料をインプットしても動きません。その場合は、動かずに様子を見ることが巨大ロボットの唯一選択するアクションとなります。

大企業が新たな事業創造を成し得ないのは、新たな事業創造を担うチームが、「儲かる」というシンプルな指示書を巨大ロボットにインプットできずにいるからです。

1章では、多くの事業創造プロジェクトが計画書を作成するもののGOサインをもらえずに止まると述べました。それを突き詰めれば、計画書に「儲かる」というエビデンスが付いていないという事実に行きつきます。

GOサインが出るかどうかに、資料の枚数も文章や絵の質も関係ありません。戦略コンサルタントが形式美を追求したパワーポイントは非常に読みやすいけれど、結論は変わることがありません。結局は「儲かる」の一言が書いてあるかどうかなのです。

ただ、初期段階に「儲かる」というエビデンスを提示することは理屈上、あり得ないことであることも再三伝えてきました。であれば、どうするか。

「儲かるエビデンスが弱い段階では、巨大ロボットを動かそうとはしない」

これが、前が弱い大企業が採り得る最良の選択です。既存事業の承認プロセス、組織、業務、その他のアセットとはできるだけ距離を取るということになります。

多くの方々が、儲かるエビデンスが小さい段階から大きな承認を狙います。ローンチを目指して、そこまで進めていっていいよと大々的なお墨付きをもらおうとするのです。十分な投資をしてくれと。馬鹿の山の頂上にいるからこその行動なのかもしれませんが、渋られるのは当然ではないでしょうか。

さらには、そのような大きな承認を求めるならばと、承認者も難解なリクエストを出し始め、これが悪魔の証明状態につながっていきます。それに応えるために戦略コンサルタントが絵餅を描き、最後は戦略コンサルタントのいない袋小路でひっそりと消滅する、これが多くのプロジェクトが辿るパターンです。

大企業における正しい初期段階の進め方は、巨大ロボットを動かさずに、なるべくひっそりと儲かるというエビデンス、指示書を作ることに専念することです。儲かるというエビデンスを作る行為は、ＰｏＣを重ねることになります。

つまり、初期段階では儲かるというエビデンスを出せないがゆえに、侃々諤々の議論もデスクトップ調査もそこそこにＰｏＣの継続的な実施だけを狙っていくやり方です。狙う承認は、それの許可だけ。絶対に余計な大風呂敷は広げず、妥当と思われるサイズのＰｏＣのみが実行できるよう、そのリスクの小ささを正確に伝えることに力点を置くのです。

何もない段階では、夢を詰め込んだストーリーよりも、それをわざわざ止めることが合理的ではないと思える小さなストーリーのほうが格段に良いでしょう。そして、決裁者の役職はなるべく低いほうが良い。そのためにＰｏＣのサイズを落とすことも考えてください。

上位承認者になればなるほど、リスクを伝えなければいけない立場でもあり、脊髄反射で大きな承認を求められていると身構えてしまうものです。相手の立場に立ち、最初の内は「大した話ではない」という空気感こそが大切になります。

実際に、馬鹿の山から始めるＰｏＣは大した話ではありません。皆が馬鹿の山で妄想を膨らませているだけなので、大した話だと思っているのは当事者だけ。そして、その当事者は大した話と思っているから、早く大騒ぎする必要があると考えてしまい、この段階で大騒ぎをして、どんどん尻すぼみになっていくのが最悪の展開です。

できるだけひっそりと開始し、ＰｏＣを重ね、「儲かる」というエビデンスを出せるようになったタイミングで堂々と声を上げ、既存アセットに流して大きくグロース、というのが理想のイメージです。最初に弱く、後ろに強い大企業の特性を踏まえれば、最初は小さく後ろで大きくが事業創造の基本枠組みであり、心構えになります。大企業の事業創造は、静かな一歩から始めてください。

事業創造はＰｏＣあるのみ

新たな事業創造の進め方をプロセスで語ると、多くの人が、①アイディエーション、②事業計画書策定、③ＰｏＣ、④ローンチ、の順だと考えます。ただ、事業計画書の記載事項を確認してみてください。新たな事業創造において、ＰｏＣなしで事業計画書を書けるでしょうか。書けたとして、それは蓋然性のない妄想書に過ぎず、そんな妄想で承認をもらえるほど大企業は甘い仕組みになっていません。

一方、ＰｏＣを続けていけば、事業計画書は面白いことに誰でも書けるものでもあります。大規模な既存事業の事業計画書を作る際は、膨大な業界情報、競合情報、自社情報をできるだけ効率的に取得し、整理しながら示唆を見つけるという作業が求められます。しかも多くの場合は、それを短期間でやらねば、指針のないまま、さらには予算配分が曖昧なまま次年度を迎えてしまいます。だから、経験が豊富でその作業に慣れている、戦略コンサルタントに委ねるケースが多くなるのです。

ただし、新規事業の場合は、一つひとつＰｏＣを重ねながら、確度のある情報を新たに取得し積み上げていく作業になります。良いことではないですが、既存の大規模事業ほど膨大

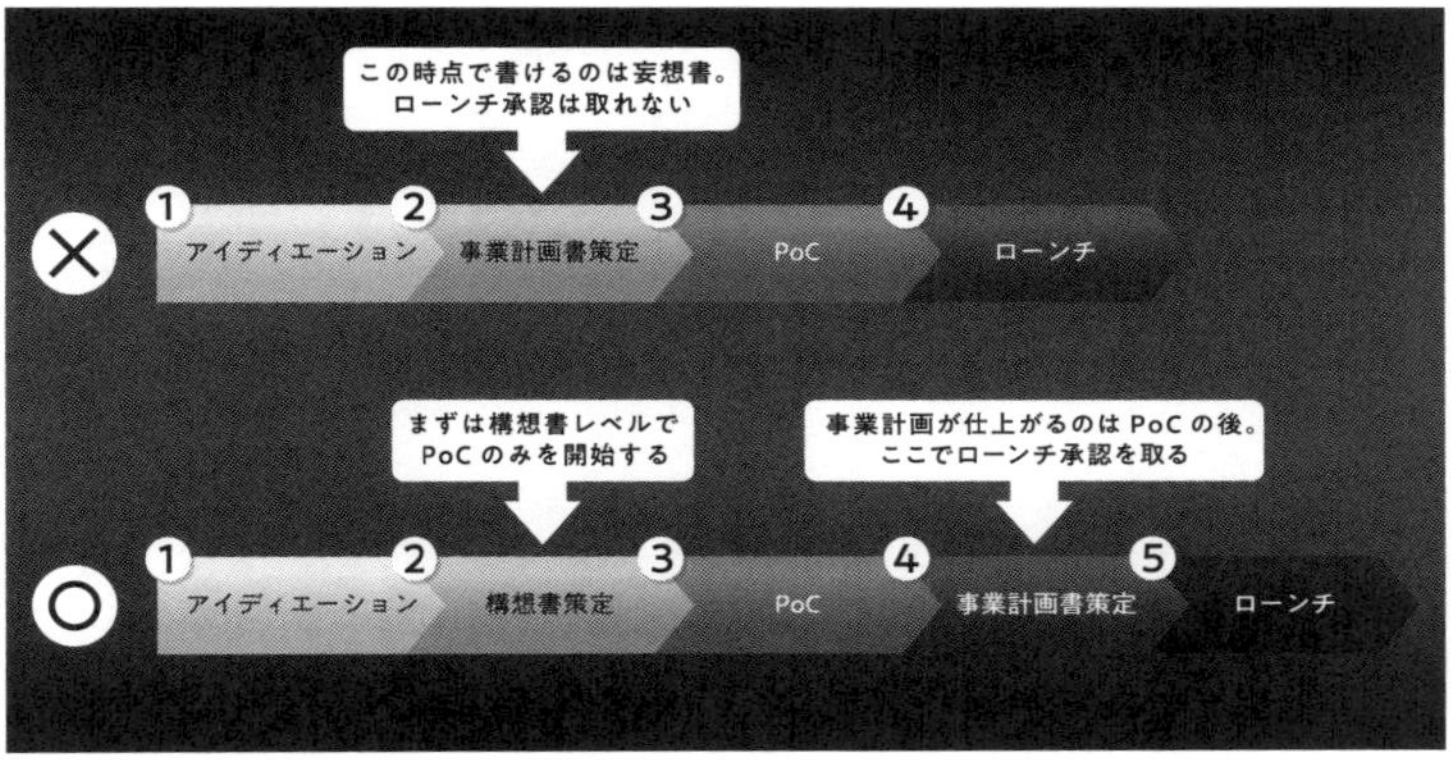

な情報にはなりません。また、同じく良いことではありませんが、ＰｏＣを進める速度は一定以上にはならないので、一つひとつの結果を十分に咀嚼しながら書き進めていけます。

事業計画書の項目定義自体には、多少の専門性が必要ですが、内容を書いていくことは難しいことではありません。逆説的には、誰もが書いていけるようにＰｏＣを繰り返さなければならないとも言えます。ＰｏＣを積み重ねると事業計画書の各項目の内容が勝手に埋まってくるイメージです。妄想で書かずに、事実で書くから内容に力を帯びるし、余計なことを語らなくて済むのでシンプルなストーリーになる、つまり良い計画書の出来上がりです。

一方、最悪の事業計画書はボディの絵だけが派手か、戯言をびっしり埋めたものであり、内容が空虚であるものです。空虚とは、事実がどこにもないということで、事実がない分、絵や文の量または伝え方でごまかそうとした気持ちが透けて見えます。こういう事業計画書は無価値です。

よって、大企業における新たな事業創造の正しい進め方は、①アイディエーション、②構想書策定、③ＰｏＣ、④事業計画書策定、⑤ローンチになります。

構想書は、ＰｏＣに進むことだけを目的に、アイディエーションの内容、解像度が低いなりにその領域について確認できている基礎情報、参考情報、ＰｏＣで確認したいことなどについて述べる書類です。事業計画書と呼べるレベルにはならないことから構想書と呼んでいます。

繰り返しになりますが、構想書はＰｏＣに進むことだけを目的に、大した話ではないという事実そのままの空気感でまとめてください。そして、ＰｏＣを続けながら、Ｕｐｄａｔｅし続けることが重要です。そうすると、構想書が徐々に事業計画書に近づいてきます。先は長いですが、構想書が完全な事業計画書に変わることがＰｏＣの終わりの合図になります。

大企業において、事業計画書は年に一度作るものです。上期終了時点で見直すものの、１年間を通じてそれに沿って活動していくという考え方が普通です。一つの事業計画書によって、動く人数が多く、動くお金も大きいので、高い頻度で見直すこともできないし、何より事業が成熟しているので頻繁にＵｐｄａｔｅする必要がありません。

ただし、これは既存の大規模事業における事業計画書に対する考え方で、事業創造の事業計画は、安定状態に至るまで頻繁にＵｐｄａｔｅされ続けるものです。極端に言えば、日次でＵｐｄａｔｅされていきます。ある素晴らしいスタートアップの年次事業計画を見ると、5ヵ月目ですでにVer. 113でした。113という数字に意味があるわけではないですが、Ｕｐｄａｔｅすることが所与で作られていることが重要なポイントになります。

Ｕｐｄａｔｅしたものを都度、誰かに説明したり、合意する必要はありませんが、ＰｏＣを重ねながらＵｐｄａｔｅしていくという進め方、マインドが必要です。そして、説明が必要なタイミングが来たら、慌てずにその時点のものを少し整え、説明するだけです。

【事業計画書記載事項】

1　事業概要
2　外部環境分析
3　市場分析と本事業の戦略
4　顧客・ペイン・解決策
5　ビジネスモデル
6　収支計画

7　ＫＰＩ
8　機能戦略
9　人員・体制
10　会議体
11　ロードマップ
12　スケジュール
13　予算
14　リスク

コンサルはフロントで起用する

できるだけひっそりとＰｏＣを始め、ＰｏＣを重ねながら構想書をＵｐｄａｔｅし、事業計画書に昇華させ、それをもって正式にローンチすることの意思決定を取得し、既存の巨大アセットでグロースさせる。

大企業の事業創造のやり方はこれに尽きると思います。ただし、実際はＰｏＣでもつまずくことが多いので、このつまずきは外部リソースでカバーさせると良いでしょう。そこで、事業創造における、外部リソースの正しい使い方について説明します。

２章では、新しい事業創造において、戦略コンサルタントの起用は悪い方向に出ると述べました。そもそも戦略コンサルタントの強みは、中期経営計画、事業計画の策定時などに、既存事業や市場に関する膨大な情報を収集し、その情報を論理的に整理し、示唆を導き、それをわかりやすくまとめることです。しかし、新たな事業に関しては、そもそも情報がないために戦略コンサルタントがワークしないので、自らが情報を作るという姿勢が必要になり、ＰｏＣを重ねる（＝情報を作る）という話に戻ります。

話はそれますが、ＳＣＭ（サプライチェーンマネージメント）領域に数多く存在する需要予測システムも、結局、過去実績の量と質により精度が決まります。需要予測で一番辛いのは、新商品の予測で、過去実績がないから予測エンジン（ロジック）が動かない。そこで多くの場合は、類似商品・サービスの初速を参考にするのです。ただ、この参考値は、消去法で選ばれた参考データでしかないので、類似商品・サービスがないというケースも存在します。その際は、無理やり何らかの情報を流し込み、最後は人の感覚で調整を行います。

また、アンケートやインタビューで確からしい情報を得ようとすることもできるでしょう。

ただ、アンケートやインタビューはアイディエーション段階のインプットには良いですが、ビジネスの重要な意思決定においては、どこまでいっても確度に疑問が残るのでクリティカルな役割は果たせません。

そこで、実はこっそりと普段は否定される営業などの顧客接点部門の勘と経験を頼ることになります。もっとも、それを意思決定の根拠とはできませんので、勘と経験をベースにしながらももっともらしい理屈を作ることになります。予測の精度を上げるには、実績が必要なのです。

話を戻します。新たな事業創造において、戦略コンサルタントは普段の計画策定のようにバリューを出せません。必要なことは彼らに何かをまとめさせるよりも、早くＰｏＣを行うことです。そうすれば、戦略コンサルタントではなくとも、事業計画を完成させることができるのです。

ただ、戦略コンサルタントに限らず、外部コンサルタントを起用できることも、大企業の特権の一つ。後に確実にペイできる大きな事業創造を狙う限りにおいて、コンサルタントを上手く使わない手はないでしょう。

では、どのようなコンサルタントをどこで使うか。まずは、戦略コンサルタントではなく、スタートアップでキャリアを築いてきた方々でもなく、あくまで大企業における事業創造に長けたコンサルタントを起用することです。戦略コンサルタントと事業創造コンサルタントは別職業であり、さらにはスタートアップと大企業の事業創造も別物ですから、大企業における事業創造に長けたコンサルタントが必要になるのです。

どこで使うかという論点ですが、プロジェクト全体に対するアドバイスはもちろん、それとは別にＰｏＣフェーズでバリューを出させる起用法が良いでしょう。

ＰｏＣの重要性はすでに述べました。しかしながら、特にプロジェクトの初期は、そのＰｏＣも簡単に実行できないのが大企業のウィークポイントになります。伝統のロゴを使うには慎重な承認行為が発生するし、顧客とのコミュニケーションツールを持つことを例にとっても実作業としては数分で作れるにも関わらず大企業では膨大な議論と時間が必要だったりします。

実際にはほとんど来ないＰｏＣに関する問い合わせ先を決めるにも、煮詰めるべき論点がたくさん生じます。さらに、世の中には簡単に安く使えるＳａａＳシステムが溢れており、それなりに信用できる実績があるものも多いですが、大企業の情報システム部はその利用を良しとしないことがほとんどです。

また、顧客情報が関わろうものなら、本来はひっそりとやりたいものが、早くも最高会議に付議されることになります。もちろん、通るわけがありません。こうして、本来、ＰｏＣ

において大企業の看板は不要であるにも関わらず、この看板があらゆる障害になってしまうのです。

そこで、特にＰｏＣにおいては、そうした看板を使わずに目的を達することを目指す、難しい設計が必要になります。一般的な戦略コンサルタントは、こういった大企業の事情を理解せずにＰｏＣを企画し、後は大企業側で調整の上、進めてくれと言いますし、私も過去にこれをやってしまっていました。そして、「問い合わせ先は誰にしますか?」の一言にすぐに反応できない大企業を重いと感じていました。

したがって外部には、To C、To B問わず、何とか最低限の参加者を募り、何とか最低限の内容を設計し、できる範囲のＰｏＣから始めていく、という設計力を求めるのです。事業創造プロジェクトにおいて、コンサルタントにここを支援させずにどこを支援させるのか、というところになります。

コンサルタントとは参謀であり、黒子として、調査、分析、戦略策定に従事させることが一般的なコンサルタントの起用方法ですが、既存事業においては、大企業側が前に出ており、後ろが手薄だからそれが成り立ちます。

ただ、新たな事業創造において、ローンチまでは大企業は前に出られません。必要なのは前面の支援で、間違っても、前に出られない大企業を前に出させようとするコンサルタントを起用してはなりません。大企業の特性を汲んで特に初期のPoCを円滑に進められるコンサルタントを正しく起用することも、大企業の参考書にしか書かれないことです。

大企業志向でド真ん中を行け！

この章では、大企業が狙う領域、そして大企業としてのプロジェクトの進め方について解説してきました。進め方についてさらに詳細に踏み込んだ説明は、次の章で行いますので、この章の最後はマインドに触れることとします。

大企業における、新たな事業創造の最大のポイントは、「真ん中を行く」ということです。大企業はビジネス界を引っ張る、模範的なリーダーで、奇抜な逸れたアイディアは必要ありません。奇襲もいらない。先人たちが積み上げたアセットに敬意を表して、存分にそれを生かした横綱相撲を取ればいいのです。堂々と正面を突く「正攻法」です。

真ん中を行くとは、オーソドックスに市場を見極めた上で有望スタートアップを迎え入れ、一体化をしながら新たなコア領域を創っていくというパターン2を遂行することでもあるし、成熟した既存のコア領域に堂々と競争戦略を持って参入するパターン3をやり切ることでもあります。

さらに言うと、戯言を並べることに苦心するのではなく、「儲かる」というエビデンスだけを求めて愚直にＰｏＣを続けて大企業という存在を正しく動かすことでもあるでしょう。これまでに書いた平坦ではないけれど、シンプルな道のりを一歩一歩、適度な時間をかけて歩むことをやるのみです。

大企業でありながら、真ん中に行かない矛盾がさまざまな悪循環を引き起こします。真ん中に行かないことが戦略コンサルタントに絵餅を描かせることや、新規事業版「悪魔の証明」に深く迷い込むことにつながっていると言えるでしょう。既存事業チームからの協力を得にくいことは、構造的に仕方がないことであるとはいえ、真ん中を攻めていないことと無関係ではないはずです。真ん中を攻めずにスタートアップの真似事をしている事業創造チームこそ、既存事業を必死で進めているチームから白い目で見られがちです。

ところで、私は事業創造チームにどんな人材を集めるべきか、という質問をよく受けます。つまらない回答になりますが、「事業創造は一部の人にしかできないこととは考えていないし、どんなチームであれ、その完遂を支援することが我々の使命でもあるため、特段のリクエストは持っていません」と伝えます。

大企業側は新しい事業と言うと、条件反射的に社内の数少ない流行に敏感な亜流のアイディアマンをアサインしようとします。新たな事業創造に合っているのは、大企業志向の強い頭の堅いタイプより、スティーブ・ジョブズ好きの頭が柔らかいタイプだと思われているからです。あえて言うならば、この条件反射は間違っています。そのような属性の方々は、嬉々としてスタートアップ領域を目指します。プロジェクトはその考えの修正から始める必要があるので、その方々からすると落胆からプロジェクトが始まるわけです。

大企業の事業創造に合っているのは、圧倒的に大企業志向の強い頭の堅いタイプです。目新しさよりも、リアルに規模を作っていくことに興奮するタイプの方が狙う事業創造と合っています。

大企業は、大企業の特性を踏まえた上で、至極オーソドックスに事業を興す。最適解はこれに尽きるでしょう。本来、本書など不要なくらいです。当たり前のことをやれば良いだけなのです。

市場は多様だと述べました。ただし、突き詰めていけばシンプルな一面が見えてきます。企業であれば、売上が上がるなら、または費用が下がるなら、新しいことでも喜んで受け入れるでしょう。一方、消費者であれば、人生が楽しくなるなら、または人生の苦痛が消えるなら、新しいことでも喜んで受け入れるはずです。

あとは参加する人数と時間の問題ですが、より多くの企業の売上が上がること、費用が下がること、より多くの人の人生を楽しくすること、人生の苦痛を消すことを考えて、それを証明していくだけなのです。奇をてらわなくて良い。武骨で良い。大企業が得意なことです。

まとめ

第4章　大企業の事業創造における神髄ポイント

▼始めに弱く、後ろに強い

「大企業は特性上、狙う領域においてもやり方においても始めが弱く、時間が経過するとともに力を発揮できる」

大企業は始めに弱く、後ろに強いという自身の特性を前提とした、事業創造を進めるべきです。平たく言えば、最初は我慢、最後に一気呵成。これが大企業の事業創造の成功イメージです。

▼事業創造3つのパターン

「事業創造と一言で言っても、実際は大きく分けて3つの領域・パターンがあり、それぞれにおいて、大企業向きなのか、スタートアップ向きなのかが判断できる」

大規模な既存業界に競争戦略を持って参入するパターンが最も大企業に適したパターンです。非常にシンプルかつ大胆に大規模な市場に参入し、シェアの一部を奪うのです。または市場を押し広げ、その広がった部分のパイを食べるのです。このパターンは大きなプレーヤーが支配する大きな業界への殴り込みであり、短い時間で巨額の収益を狙う面白みがあります。

▼「過度な期待」に要注意

「事業創造に関わる者として確実に押さえておきたいことは、実際に市場創造ができるかどうかはハイプ・サイクルにおけるピーク期ではなくダウントレンド中の振る舞いによる、ということ」

市場は黎明期から徐々に期待度が上がって市場形成されるのではなく、ピークに達した期待度が一度下がって、再浮上し市場が形成されるのです。つまり、新たな市場が形成されるサインは、「過度な期待」のピーク期ではなく、ダウントレンド期である幻滅期に現れます。市場形成直前のテーマに投資する方法で事業創造するのであれば、その検討はピーク期ではなく幻滅期のテーマを対象にすべきです。

▼巨体を動かすために必要なたった一言の指示書

「大企業が新たな事業創造を成し得ないのは、新たな事業創造を担うチームが、「儲かる」というシンプルな指示書を大企業という巨大ロボットにインプットできずにいるから。大企業における事業創造の正しい初期段階の進め方はひっそりと儲かるというエビデンスを作ることに専念すること」

株式会社は儲かるなら動くしかない存在です。つまりは、「儲かる」という一言が書かれた指示書があれば、大企業は類を見ない出力で駆動します。ただし、初期段階に「儲かる」というエビデンスを提示できることは理屈上、あり得ません。したがって、大企業の事業創造はできるだけひっそりと開始し、ＰｏＣを重ねることに集中すべきです。そして「儲かる」というエビデンスを出せるようになったタイミングで堂々と声を上げ、既存アセットを生かして大きくグロース、というのが理想のイメージです。

▼事業創造はＰｏＣあるのみ

「大企業における新たな事業創造の正しい進め方は、①アイディエーション、②構想書策定、

③PoC、④事業計画書策定、⑤ローンチ」

新たな事業創造において、PoCなしでは事業計画を書くことは不可能です。書けたとして、それは蓋然性のない妄想書に過ぎず、そんな妄想で承認をもらえるほど大企業は甘い仕組みになっていません。したがって、まずはPoCに進むことだけを目的にした構想書を作り、PoCを続けながら、それを事業計画書のレベルにまでUpdateし続け、その時点で初めて正式ローンチの判断を得ることになります。

▼コンサルはフロントで起用する

「外部コンサルタントには、'To C' 'To B'問わず、何とか最低限の参加者を募り、何とか最低限の内容を設計し、できる範囲のPoCから始めていく、という設計力を求める」

PoCにおいて大企業の看板が障害になってしまうことが多くあります。そのため、大企業のPoCの実行には、大企業の看板を使わずに目的を達することを目指す、難しい設計が必要になります。外部コンサルタントにここを支援させずにどこを支援させるのか、というところになります。

▼大企業志向でド真ん中を行け！

「大企業による新たな事業創造の最大のポイントは、「真ん中を行く」ということ。大企業はビジネス界を引っ張るリーダーであり、既存アセットを生かした横綱相撲を取ればいい」

大企業は、大企業の特性を踏まえた上で、至極オーソドックスに事業を興す。これが最適解です。大企業でありながら、真ん中に行かない矛盾がさまざまな悪循環を引き起こします。奇をてらわなくて良い。武骨で良い。大企業が得意な当たり前のことをやれば良いだけなのです。

5章

より効果を発揮するための事業創造方法論

本章では、大企業の事業創造における方法論を抜粋し、これまでに伝えられなかった詳細なポイントを書き添えています。ここまでに述べてきた大きなポイントと、ここから述べる細かなポイントを組み合わせ、大きな事業創造を具体的に進めてださい。

アイディエーションにおける12の観点

大企業の事業創造においても、最初のフェーズはアイディエーションです。既存アセットを生かすことを前提とし、かつ事業創造パターン2、3を念頭にして、具体的に挑む領域を選ぶことになります。

本書では、アイディエーションという言葉を、「事業アイディアを出す」という意味で使っています。事業アイディアを出すとなると、世の中の「不」に着目してブレストすることが一般的です。

しかしながら、漫然と世の中の「不」を考え、事業アイディアを考え付く人はいません。〝世の中〟も〝不〟も熟考対象として広すぎるからです。人は検討対象を狭く絞ったほうが、

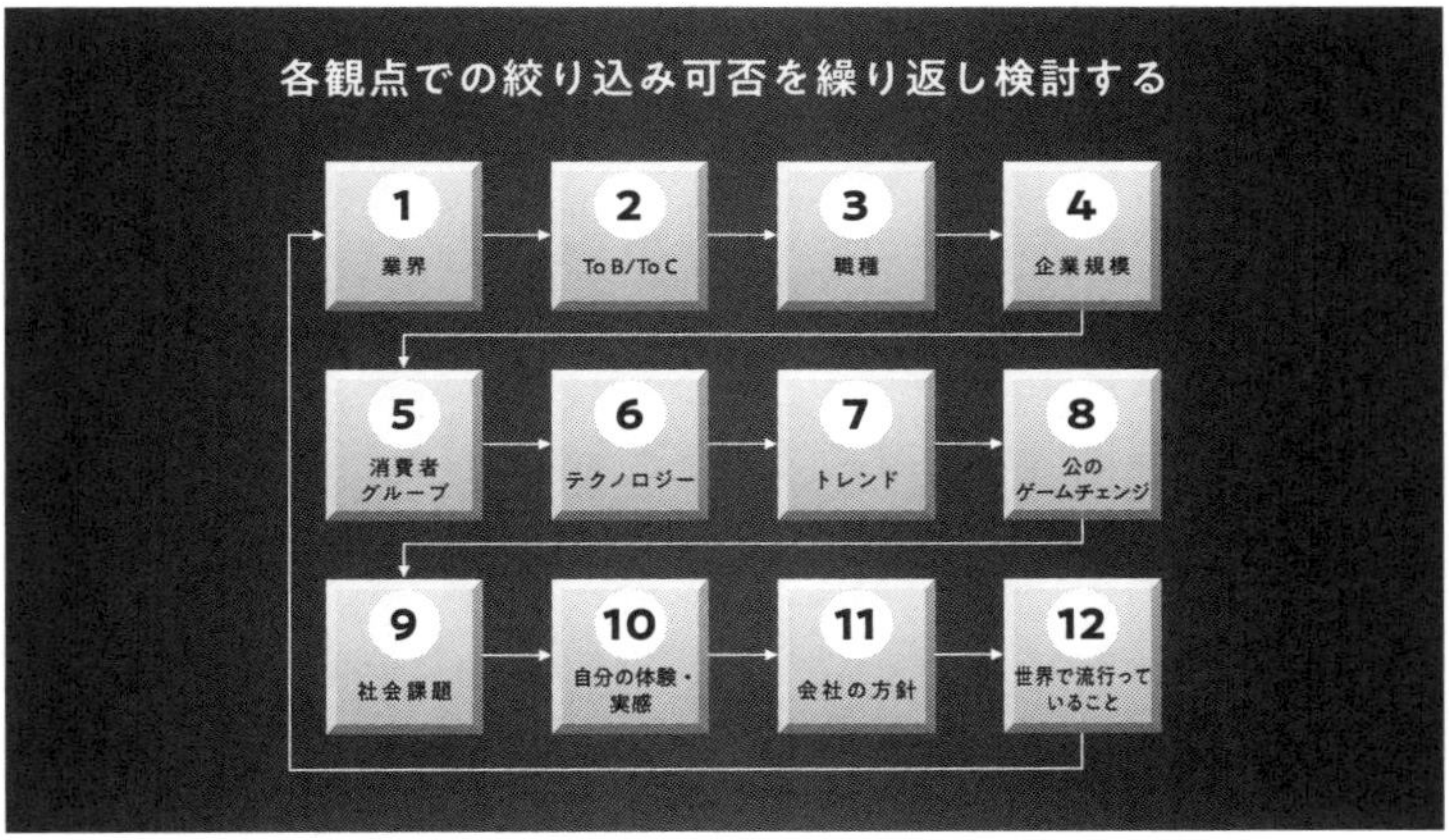

確実に、深く考えることができます。いわゆるフレームワークですね。

コンサルタントが好きなフレームワークは、一義的には漏れなく考えるためのものでもありますが、二義的には考える幅を狭めるためのものです。何かを深く考える際の作法として、まずは考える幅を狭くします。よって、事業アイディアを考える際も、まずは何らかの条件で、考える幅を狭めることが必要なのです。

考える幅を狭めるポイントとして、以下12の観点を紹介します。すべての観点を活用する必要はありませんので、1~12までの観点を一つずつ確認して、その観点で絞り込めるなら絞ってください。ピンと来なかったり、絞り込みができなさそうな観点はスキップし、それを何周か繰り返します。

コツは、複数観点で絞り込むことを狙って、複数周を繰り返すことです。最初はスキップした観点も、別観点で絞り込むことで次は絞り込みに使えたりする場合もあります。もう絞り込めない、という状態まで続けましょう。なお、次のステップに進むにあたり、取引対象を絞る観点である1~5のいずれかは必ず使うようにしてください。

【考える幅を絞り込むための観点】

1. 業界

最も一般的な絞り込みの観点で、ターゲット業界を絞り込めるかを考えます。大企業がこの観点で絞り込むにあたっては、規模が大きいことがマスト要素になります。大企業が小ぶりな業界を狙う理由はありません。もちろん、拡大基調であることが望ましいです。事業規模以外では、良く知っている、または知れる業界か、という観点で絞り込むのも良いでしょう。業界知識の量があればあるほどに、登る馬鹿の山の山頂は低くなるのです。

2. To B／To C

To Bビジネスと、To Cビジネスでは、まったく性質が異なります。この時点で絞れるなら絞る必要があるでしょう。一般的にはTo Bのほうが、お金を払ってくれる対象、ペルソナの種類が少なくなり、ビジネスとしてはスモール＆シンプルになりがちです。一方で、ペルソナが多く複雑だからこそお金を払ってくれる対象が圧倒的に多いビジネスがTo Cになります。

3. 職種

こちらはTo Bオンリーの観点になります。研究開発、設計、調達、生産、マーケティング、物流、営業、アフター、経営企画、財務、経理、人事のような職種で絞ることが可能です。多くの場合、ある業界の当該職種にとってのイノベーションを起こせたなら、それは複数の業界で通用することが多いです。マーケティング、広告宣伝、物流、営業、人事などに絞ったソリューションで成功している企業がたくさんありますね。

4. 企業規模

この観点もTo Bオンリーです。取引先のイメージを、1兆円超えの企業とするか、あるいはスタートアップなのかでアイディアの中身はまったく変わります。そんな極端な例でなくとも、数千億円の企業、数百億円、数十億円、数億円なのかでもずいぶん変わるはずです。

5. 消費者グループ

今度はTo Cオンリーの観点になります。年齢、住んでいる場所、職業、所得、趣味、嗜好、家族構成といった要素で絞りましょう。例えば、高所得パワーカップルをターゲットとしたビジネスをしたい、60代以上のアクティブな体験志向の方をターゲットにしたい、美容・健康に関心のある方向けのビジネスをしたいなど、具合的に絞れるなら、これも大きな前進となります。

6. テクノロジー

ここから、取引対象から外れた観点になります。活用するテクノロジーで絞るというケースも多く、まさにガートナー社のハイプ・サイクルの世界です。少し前で言えば、XRを使ってできることを考える、今で言えば生成AIを使ったビジネスを考えるというケースになります。ただし、テクノロジーはあくまで手段であることに留意する必要があります。

7. トレンド

歴史を振り返ると、「ＥＣ」「Ｗｅｂマッチング」「プラットフォーム」「シェアリング」「働き方改革」「リモートＸＸ」「地方創生」「ＳＤＧｓ」といった数えきれないほどのトレンドがありました。こういったトレンドで絞り込むこともできます。

8. 公のゲームチェンジ

公のゲームチェンジとは規制緩和のことで、ビジネスチャンスと直結するものです。例えば、金融業界には、金融ビックバンという大規模な規制緩和がありました。そこで生まれた市場が、今では当たり前のインターネット証券市場です。私が属した通信業界も規制緩和とともに市場が大きく動いてきました。さらには、小さな業界であっても、規制緩和で業界が動くことはざらにあります。

例えば、保育園業界も株式会社による保育園運営が認められたことで多くの株式会社が参入し業界が変化しました。あるいは、無許可タクシー業（通称「白タク」）が全面解禁されれば、グローバルライドシェアサービスが雪崩をうって参入してくるでしょう。

規制緩和は、政府主導である場合を除き、既存プレーヤー（政治家からすると票をくれる方々）の反対を押し切ってでも業界ルールが古くなっていることを認めざるを得ない状態であり、ルールを変えれば新しい何かが確実に起きることを前提に実施されます。規制緩和を大きな変化点として、新たな事業を創るのは、事業家鉄板の方法でもあります。

9. 社会課題

トレンドと重ねて考えがちですが、解決したい社会課題（環境問題、女性の活躍、過疎、教育格差、XX離れなど）が明確に持てるなら、それも重要な絞り込みとなります。なお、直接的に社会課題と向き合うと事業規模が小さくなりやすいので、事業規模には十分に配慮してください。

10. 自分の体験・実感

スタートアップ的な手法となりますが、自分が体験・実感したことを手掛かりに絞ることもできます。どれだけの共感が得られるか、という論点はあるものの、自分が体験していいと思ったことや、自分の価値観に紐づいて本当にやったほうがいいと思うことに絞り込むと、他とは一線を画す意志の強さが生まれるでしょう。スタートアップの起案者に、着想に至った経緯を聞くと、起案者が「原体験」と答えているシーンはおなじみです。まさにこの絞り込みがされたということにほかなりません。

11. 会社の方針

最も都合が良いのは、会社の方針に沿っている内容に絞り込めることです。自社のＩＲ資料、中期経営計画書、事業計画書は必ず確認しましょう。その中で、絞り込みに使える、使わざるを得ない会社方針（経営理念、ビジョン、中期経営計画書または事業計画書のキーワードなど）があれば、確実に使うべきです。

12. 世界で流行っていること

一昔前に「タイムマシン経営」という、世界のタイムラグを活用した手法が有名になりました。日本が人口、または研究開発やスタートアップにかけている資本力で劣る、言語を中心とした日本への情報バリアーがあることなどから、タイムマシン経営は合理的な方法だと思います。最近ムーブメントを起こしたほとんどのテーマが世界で流行したものがワンテンポ遅れて日本に入ってきたもので、決定的なアイディア出しに直結する観点であると言えるでしょう。

なお、アイディアの出し方の一つとして、将来を予測し、その将来と現在のギャップを特定し、それを埋めるものをアイディアとする手法を好む企業も多くあります。

この手法は上記で言えば、「テクノロジー」「トレンド」「公のゲームチェンジ」「社会課題」「世界で流行っていること」の観点での絞り込みを重視する、ということになります。これら5つの観点から得るキーワードから、XX年の社会を想定し、自社がやるべきことを定めていくのです。

私の経験によると、XX年の社会を想定するとなると、多くの人が非現実的な近未来予想図を描きます。映画やアニメの世界に近いものを描きたがるのです。それは、アイディアをスタートアップの領域に近づけるものです。技術色の強い企業が、研究開発のために長期のロードマップを描いているならば、この近未来予想図も悪くないでしょう。

ただ、数年内に大きな規模の売上を狙う際に、到来するかもわからない夢の近未来予想図は必要ありません。他の観点による絞り込みも添えて、スタートアップ領域に近づかないように気をつけてください。

地道なクリエイティビティ

アイディア出しのアイディアを紹介しましたが、この絞り込みの段階から何も浮かばないという方々がいます。自分たちは、自分たちの業界しか知らない、堅い頭の持ち主であり、何かを発想するという作業が苦手だと言うのです。

こういった発言をする方々は、発想するという行為の実態を知らないと言えるでしょう。発想というものは、限定的な誰かに生まれつき備わっているクリエイティブな感性から突然溢れ出てくるものであり、クリエイティブな感性を持たない凡人は一生、秀逸な発想に巡り合わないと考えています。それはまったく違います。発想できるかどうかは、持っている情報量で決まるのです。

事業創造のアイディエーションで言えば、ＰＥＳＴの4項目、そして、各業界を対象にした3つのＣについて、どれだけ詳細に知っているかが重要です。技術動向を含めた社会情勢も対象業界のこともまったく知らない人と、同内容を知り尽くした人を比較すると、どちらが絞り込むためのブレストでチームへの貢献度が高くなりそうでしょうか。

後者と答えない人はいないでしょう。この比較に、クリエイティブな感性を備えているかどうかというフラグは登場しないではないですか。

話は逸れますが、戦略コンサルタントという職業をしていると、勘違いをした若者に多く出会います。この若者たちは戦略策定をクリエイティブでスマートな作業だと思って、プロジェクトに参加しますが、参加直後から実態はまったく想像していたものではないことに気がつきます。戦略策定はひたすらに情報を集め、整理していく地道な作業でしかない。閃きで大勢が納得する戦略は作れないのです。

戦略策定におけるＫＳＦは単純に情報の質と量になります。質の良い情報を多く持って、それを整理し、対象の実態が見えたときに、必然的に出てくる方針が最高の戦略です。アイディエーションの機会においても、原理は同じ。何も情報がない状態で云々悩んでも、議論しても出てこないものは出てこないし、絞り込みは進みません。一人ひとりが多くの知識を得るために、調べられることはどんどん調べることです。そして、先に述べている通り、自社が当該事業で儲かるというエビデンスだけは何を調べても出てこないので、ＰｏＣをやるしかありません。

アイディエーションのための基礎情報はどこにでも溢れています。基礎情報に特化して話せば、今は簡単に情報が集まる時代。特殊な環境はいらないのです。デバイスをインターネットにつなぐだけ。専門家にも簡単に話が聞けます。仮説志向と議論が好きなコンサルタントに無駄な議論をさせて報告させるよりも、不器用にでも専門家に聞き続けたほうが意味ある参考情報をどんどん集められます。アイディアに当たりがついたら、その領域の記事・書籍も多く読んでください。誰もがあっという間に半専門家程度の知識を持てるはずです。

初期調査から事業創造の専門コンサルタントに依頼するという手もありますが、チームの命運を決める作業ですので、その後の議論を考えても、できれば全チームメンバーが手分けし、少しでも自らで知識をインプットしたほうがいいでしょう。手分けして、各自が数時間、社会全般を対象としたテクノロジー、トレンド、規制緩和の情報を調べたり、規模の大きな業界の、市場規模推移、主要プレーヤー、業界トピックを調べてくるだけで、ブレストの質が信じられないくらいに上がります。

当然ながら、絵餅ではなく、本当に成功すると思えるアイディアを出したい。そして、しばらくの間のキャリアを賭けられるだけの納得感を持ったアイディアを出したい。そう思えば思うほど、基礎知識の量と質を上げ続けなければいけません。残念なことに大企業の方は自身で積極的に情報を取るというスタンスが弱いです。情報はその気になれば自分たちでも集められます。外部に頼らず自分たちでも、率先して情報を収集し、高いレベルで絞り込みを進めてほしいところです。

アイディアの質を決めるペルソナの解像度

　絞り込みが終わったら、いよいよ「不」を考えていきます。ただ、「不」を考えるには、「不」の持ち主を特定せねばなりません。上記、アイディエーションにおける観点1~5のいずれかによる絞り込みを受けて、現段階でのペルソナ（具体的な人物像）を洗い出し、「不」として、そのペルソナが持つペインを明確にします。

「ペイン」とは、コストをかけてでも解決したいユーザーの重要な課題や悩みですが、多くのアイディエーションに立ち会ってみて思うことは、総じて、この作業に不慣れな大企業はペインを考える前段階のペルソナの設定が緩いです。ペルソナの設定が緩いと、そのペルソナが持つペインの特定が緩くなります。緩いペインには緩い解決策しか出てこないので、結局、アイディア自体が緩くなるのです。

　緩いアイディアに共通する大きな課題の一つが、アイディアに乗ってくれる顧客の顔が見えないことです。その時点で、聞き手にとって、共感しにくいアイディアとなってしまうでしょう。欲しいのは、確かにこういう人たちならこういうペインを抱えていて、このアイディアに乗ってくれるだろうという共感です。したがって、ペルソナはどういう人たちなのか、その人たちが持っているペインはどういうものなのか、それを解決するアイディアはどんなものかを一つずつ具体的にしていく必要があります。

余談ですが、ある外資ファンドとの間で、アメリカで流行中のあるエンタメ事業を日本に持ってくると儲かるか、という問いに答えるプロジェクトを実施したことがあります。そこで私のチームが行ったことは、アメリカの複数の当該エンタメ現場で、時間を変えて顧客を見続けることでした。

何杯ものコーヒーを飲んでひたすらに顧客を見続けたことが今となっては良い思い出ですが、目的は、具体的なペルソナ群とそれぞれのペインを特定すること。最終的に15程度のペルソナと付随するペインが出ました。

そして、そのペルソナ及び類似ペルソナが日本にいるか、いるとしたら、どれだけいるのかを軸に、プロジェクトとしての解を出したのです。このように、ペルソナが具体的にならないと、事業規模の概算も予測することができません。

ペルソナ及びペインの設定に必要な解像度で言えば、例えば、To Cビジネスでペルソナを東京23区在住、30代女性、既婚、育児中と設定し、ペインを考えると言われても、少なくとも私には考えが及ばないです。

ここからさらに、Xエリアのどんなところにお住まいで、お子様はX人、それぞれX歳で、その方自身はX歳で、今もXという職種で働いていて、勤務時間はXで、パートナーの働き方はXXで、世帯年収はXX円で、などの情報が付いてくると、その方の人物像や生活が実感できて、やっとペインを想像できます。

どこまで具体的にするのかという論点がありますが、できるだけ細かいほうが良いでしょう。プロジェクト推進の観点も踏まえ、少なくとも隣のプロジェクトメンバーが同じような人をイメージしていると自信を持てるくらいには設定する必要があります。

もちろん、ペルソナを細かく設定すべきなのは、To Bビジネスを選んだ場合も同じです。同じ業界にいる複数の法人も、企業規模、所在地、経営方針、経営状況、出自、カルチャーなどでさまざまなペルソナに枝分かれするはずです。

プロジェクトメンバーの誰に聞いても、自分たちのターゲット法人はこういうペルソナで、これらの法人はこういうペインを抱えている、よって、こういうソリューションを提供することをアイディアとしている、と同じ答えが返ってくる状況を目指しましょう。

なお、ペルソナを詳細に決めていくと、対象が狭くなり事業規模が小さくなるのでは、という質問をよく受けます。もちろん、その通りですが、前提が間違っています。ペルソナは一つに絞るものではありません。どの事業も一定の規模を持つならば、唯一無二のペルソナのみを顧客にしていることはないのです。さまざまなペルソナを顧客とし、それぞれのペルソナの集合体がその事業の顧客になります。

対象の広さは、ペルソナX、ペルソナY、ペルソナZの内、どのペルソナまでを狙うか、という論点で調整してください。最初から、ペルソナX、Y、Zを含んだ、曖昧なペルソナを対象としてセットすると、ペイン、アイディア、規模を模索していくといった、これからの議論すべてが甘くなります。ペルソナを曖昧にすることが望ましい理屈はありません。ペルソナはできるだけ詳細に、かつ複数準備し、狙うペルソナ群を固めていく必要があります。

構想書の目的は自己点検

12の観点での絞り込み→そこにいるペルソナの洗い出し→各ペルソナが持つ「不」の特定が終わったら、最後にソリューションを考えます。ただ、このソリューションは唸って生み出すものではありません。このペルソナのこの「不」に着目するなら、こういうソリューションになるよね、と自然に出てくるイメージです。その自然さの度合いで、そのペルソナにどれだけ自然に受け入れられてもらえるかが決まるのです。事業アイディアとは、誰の、

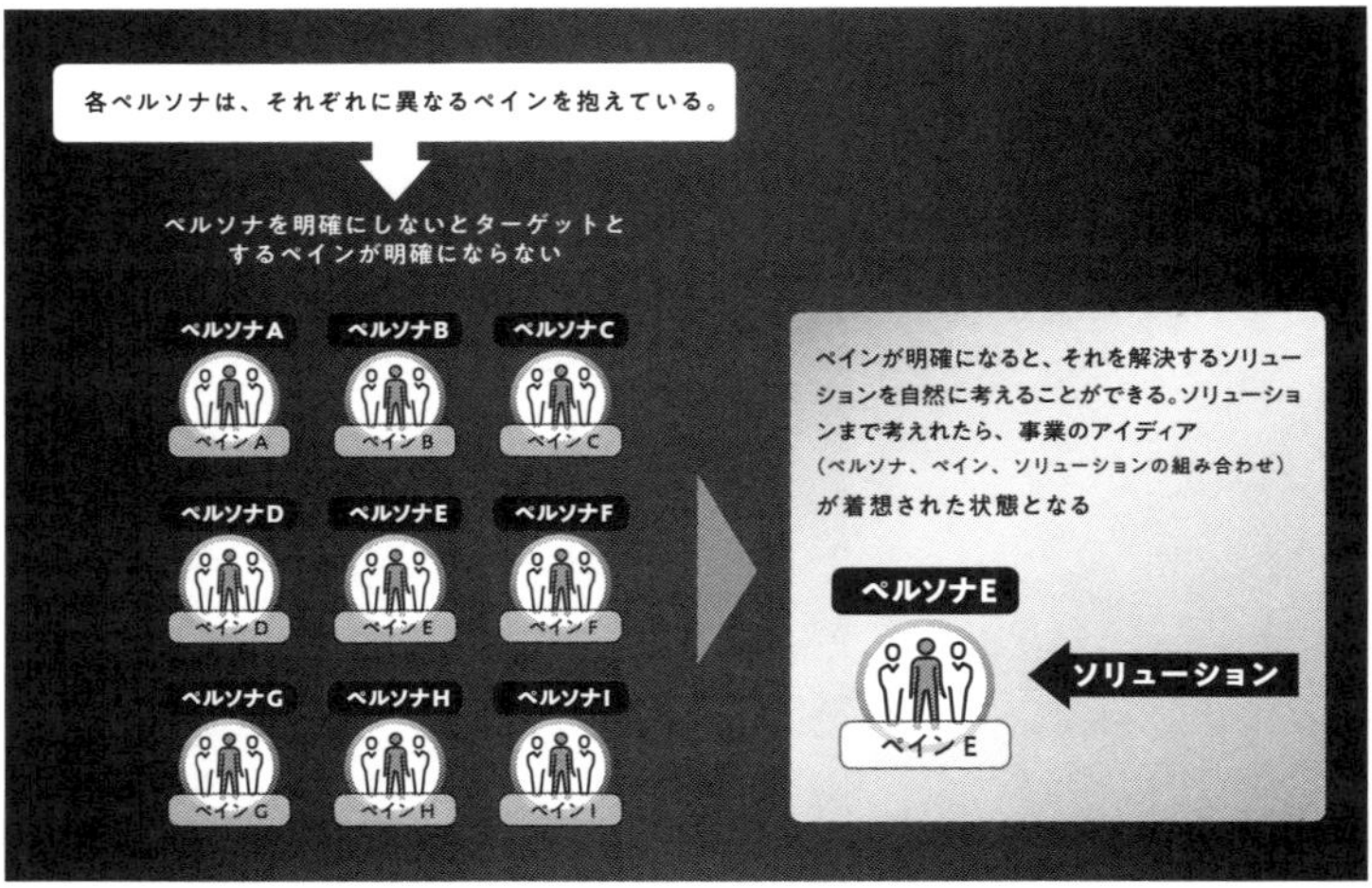

どんな不を、どう解消するか、という3つの項目から成りますので、どう解決するかの部分にあたるソリューションが生み出されれば、アイディエーションが完了します。

なお、その後に構想書を書き始めたり、さらにはPoCを進め馬鹿の山を下り始めることで、このアイディアは何度もUpdateされていきます。私の体験では、PoCを進めていくと、多くの場合、このアイディエーション段階のアイディアは跡形もなくなっていきます。ただ、これは非常に良いことです。基礎情報、参考情報を集め、まずは初期アイディアを出していかないことには何も始まりません。ただ、それがそのまま大規模な収益を生み出せるくらいなら、すでに他の誰かが進めているでしょう。この時点では、あくまでＵｐｄａｔｅされる前提のアイディアが出た、という認識で、さらに進めていきましょう。

アイディアが固まれば、次は構想書を書き始めます。ただ、所詮は馬鹿の山の頂上におり、儲かるというエビデンスを出すにはほど遠いため、構想書の内容は最低限でかまいません。構想書を書く公の目的は、ＰｏＣの実施承認を得ることのみですから、くれぐれも大風呂敷を広げずに書きましょう。馬鹿の山の頂上で大騒ぎし、徐々にフェードアウトし、あんなことを言っていたチームもあったなとなることが最悪ですので、この時点で注目は不要。注目はＰｏＣ完了後に嫌と言うほど集めればいいのです。

この時点で構想書に書くべきことを具体化すると、以下となります。

1．新たな事業創造に取り組む目的
2．志向する事業創造パターン（この時点で絞れていれば）
3．自分たちが目を付けているニーズ（ペルソナ及びペイン）
4．自分たちが作りたいソリューション
5．類似サービス
6．想定するビジネスモデル
7．収支計算ロジック（この時点で確かな数字はわからないので方程式のみ）

8・おおよその事業規模（全体規模と、自分たちのペルソナ群の規模）
8・既存アセットの利用イメージ（自分たちがこの事業を興す意味）
9・PoCで確かめたいこと（どの数値がわかれば、収支計算できるようになるか）
10・PoCの概要（何をすればその数値がわかるようになるか）

PoCを始めると、具体的なファクトが溜まっていき、この内容がまったく別次元のクオリティに進化されていきます。それがいつしか事業計画書になるのです。

なお、上記で構想書を書く公の目的がPoC承認を取るためだと述べましたが、実際はもう一つの目的を持って構想書を書きます。それは自己点検です。大企業の事業創造がスタートアップのそれとはまったく違うと繰り返し述べている、その点検を行う必要があります。

最も重要な点検は二つ。一つは事業規模が大きいかで、もう一つは既存アセットを生かせるかです。特に前者については、後から騒いでもどうにもならない属性のものであることを理解し、入念に確認してください。事業規模は、TAM（理論上、ある市場で獲得できる可能性のある最大市場規模）、SAM（ある市場で自社が獲得できる最大市場規模）、SOM（自社が実際にアプローチできる市場規模）で見ることが一般的ですが、まずはTAMが大きいことが大前提になります。そして、狙うペルソナ群が明確になっていればSOMの精度を上げることができます。

さらに最初の内は、ＳＯＭの中のイノベーター（2・5%）、アーリーアダプター（13・5%）の合計である、16%しか顧客にならないことも意識してください。マジョリティを顧客にするには時間がかかることを念頭に、狙える事業規模が自社にとって相応しいかを十分に確認する必要があります。

もう一つの既存アセットを生かせるか、はＰｏＣを進める内に洗練されていくものなので、この時点で細部までイメージを固める必要はありません。ただ、どう転んでも自社のこういうところはグロース段階で上手く使えるだろう、というイメージは必ず持っておきましょう。それが持てないなら、大企業として取り組むものではなく、今時点で止めたほうが良いアイディアという判断が相応しいです。

構想書を書きながら、事業規模と既存アセットの活用について自己点検する。この際に、客観的な立場を取れる、事業創造に長けたコンサルタントがいると心強いです。

ビジネスの常識を思い出す

規模の大きな業界をターゲットにしながら、ビジネスモデルを基に試算した売上、営業利益がどう考えても大きくならなさそうな場合、あるいはどう考えても異常なほど高い営業利益率が試算されてしまう場合は、自社が適切にリスクを背負えているかを確認しましょう。当たり前の話ですが、担う役割が大きければ大きいほどにリスクが大きくなります。大きなリスクを背負うからたくさんのお金が回ってくるのです。

プラットフォームやデータビジネスという言葉が人気を集めて以来、お金をもらうことの大変さを知り尽くした大企業までが、リスクなくたくさんのお金をもらえるポジションを模索するようになっています。そのような甘いポジションは存在しません。そういうポジションが見つかったと思えたならば、市場と乖離している可能性が高いです。リスクのないところに、お金は集まらないのですから。

私の出身企業であるＮＴＴドコモが莫大な売上、利益を手にしているのは、過去の経緯はさておき、リスクを背負って、地道に日本全国で基地局を建て、通信状況を24時間監視し、非常にセンシティブな個人情報、通信情報を扱い続けているからです。

そのドコモが、例えば新たな事業としてリスクの少ない簡易なＳａａＳをやっても、ドコモが求める規模が出ないのは当然の話です。規模が出ないなら、既存事業のもう一伸びのほうに投資するほうが健全です。

過去のプロジェクトにおいて、あるクライアントの役員は、ある巨大外資のように手離れが良いビジネスをしたいと譲らなかったことがありました。私たちのチームは、巨大外資が辿ってきた道、使ってきたであろうお金を丁寧に調べ、説明することにしました。手離れよく見える裏で、相応のリスクを背負っていたのです。

リスクを取らずに高い利益率を得ていると見られがちなプラットフォーム事業者やデータビジネス事業者ですが、数多く存在する事業者の中で、本当に稼げている事業者がどれだけいるかを確認してください。そして、その数少ない事業者がどのようなリスクを背負って、どれだけの投資と努力を重ねて、今のポジションを築き、維持しているかを知ってほしいのです。

大企業は、今一度、ビジネスの基本を思い出し、より多くの人が参加し、多くのお金が回っている業界で、しっかりとリスクを取ったビジネスで稼がなくてはいけません。

スタートアップの世界では、アイディエーションとは、世の中のホワイトスペースを見つけようとすることだと述べてきました。技術革新や、人の考え方、生き方などが徐々に変わり続け、その変化がホワイトスペースを作り出しますが、スタートアップはそのスペースを一点突破で狙うものです。

ただ、その時点で見えているホワイトスペースはほとんどが狭い、とも繰り返し伝えてきました。世の事業者たちも変化に対応しようとしているわけで、広いスペースを空けて放置するほど、のんびりはしていません。

規模を追求したい大企業が狙う領域はホワイトスペースではない。そう考えると、大企業のアイディエーションは、実質的には何かを見つける取り組みではなく、どこに覚悟を決められるか、という問いに答えることであるはずです。

馬鹿の山の下り方

2章でダニングクルーガー効果と調べると出てくる図について紹介しました。馬鹿の山の話です。

馬鹿の山はできるだけ早く下りなくてはいけませんが、下り方は非常に簡単です。ＰｏＣ

をやり続けるだけ。ただ、厳密に言えば、ＰｏＣは二種類に分かれます。一つ目は無償ＰｏＣ、二つ目は有償ＰｏＣです。図にある絶望の谷は、二つ目の有償ＰｏＣを進めた先にあります。

もちろん、すでに存在する市場を狙うのであれば、無償ＰｏＣはスキップが可能ですが、ここでは無償ＰｏＣから進める丁寧な進め方を解説します。

アイディアを実際に形にして、無償とはいえ顧客に体験してもらうと、デスクトップではわからない、「こういうペルソナ顧客は、このケースでは良い反応を示し、このケースでは悪い反応を示した」といった、手ごたえのあるファクトを得ることができます。また、実際にサービス提供することで、サービス提供側のイメージも膨らんでいくでしょう。サービス展開する上で、「ここはネックになる」「ここでコストがかかる」という具合です。

このＰｏＣを複数回繰り返すことで、サービスアイディアがどんどんＵｐｄａｔｅされていきます。つまり、この段階はまだアイディエーション段階といってもいいでしょう。その内、こうすれば、これだけのお金をいただけるだろうという感覚が生まれ、ＰｏＣが無償から有償に変わります。やることは変わりませんが、お金をいただく分、顧客の参加障壁と期待値が上がります。

この環境で、顧客の反応や準備タスクについてさらに検証を進めるのです。そして、どこ

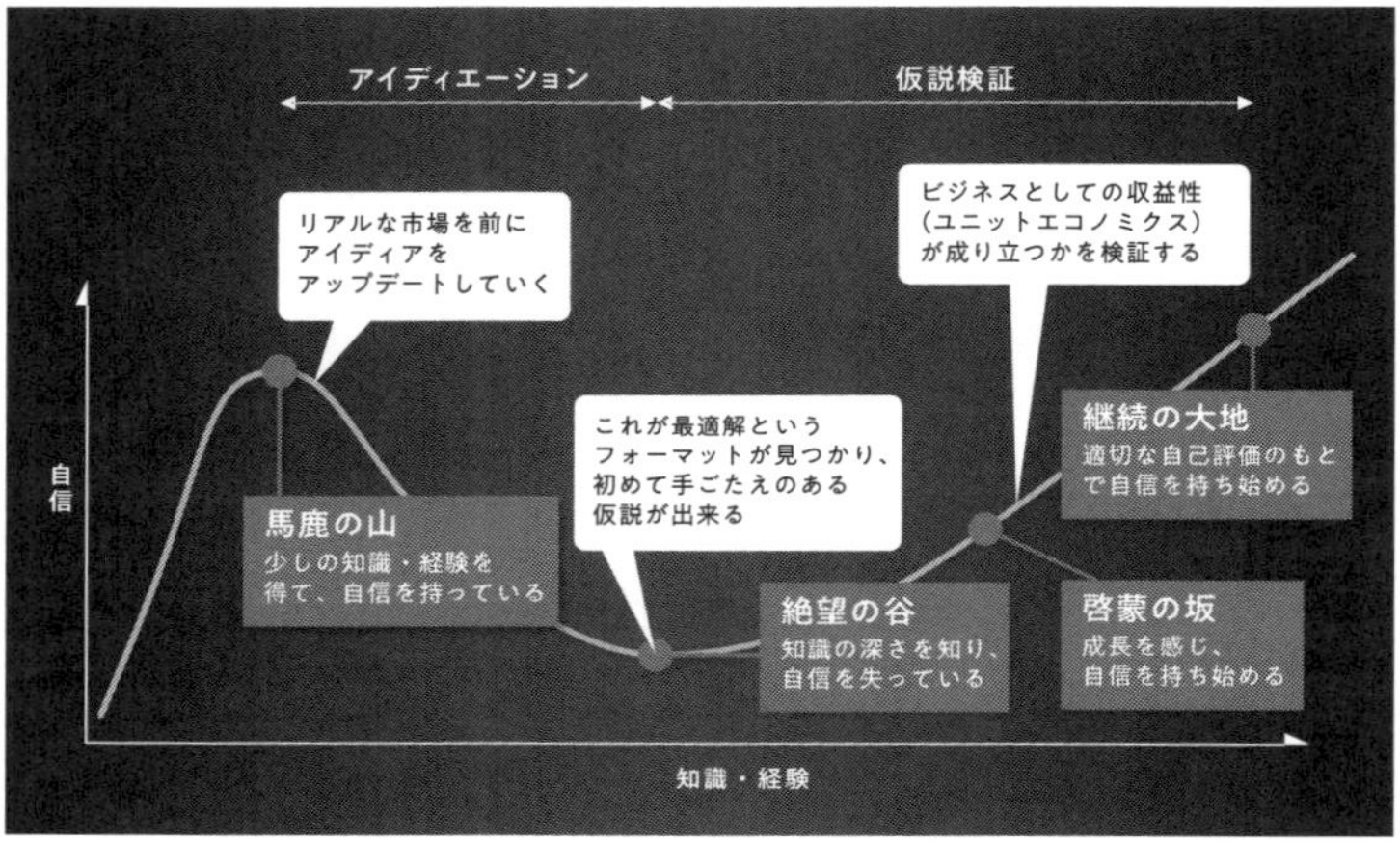

かでこのフォーマットが最適解だ、という瞬間が訪れるでしょう。それが底を脱するときになります。そして、ＰｏＣの目的が仮説の検証になっていきます。

ＰｏＣとは？と１００人に聞けば多くの人が仮説検証と返すでしょう。合っていますが、厳密に言えば上記で述べたように、ＰｏＣの前半はまだアイディエーション段階であり、仮説を構築している段階です。机上でつくった仮説がそのまま上手くいくわけがありません。馬鹿の山の頂上にいるだけです。

ＰｏＣを繰り返して、馬鹿の山を下りながら、手ごたえのある仮説を手に入れると、そこで初めてＰｏＣは多くの人の認識通りの仮説検証に姿を変えます。ＰｏＣ疲れという言葉がありますが、ＰｏＣで疲れているなら、絶対に新たな事業は創れません。本格ローンチは連続したＰｏＣの先にしかないのです。

なお、馬鹿の山を早く下りる際のＫＳＦは、安く早く失敗することです。大企業の方々は、大企業特有のステージで育ってきており、わかりやすく言うならば、失敗しないやり方を叩き込まれています。しかし、ここでは失敗することが前提のゲームであり、最も安く、最も早く失敗できたプレーヤーが勝つようになっています。そのルールを何度も繰り返し確認したほうが良いでしょう。

前半のＰｏＣは失敗というインプットを取り込む作業なので、構想書段階で大風呂敷を広げないほうが良い理由が伝わったでしょうか。

半年で2回のＰｏＣをするよりも、３ヵ月で20回のＰｏＣをするほうがインプットが多くなります。ＰｏＣにはコストがかかるので、１回あたりのコストをいかに下げるかが、回数を稼ぐポイントになるでしょう。インプットが多ければ多いほど、イノベーティブな示唆を見つけられる可能性が高まり、実反応という最高のインプットを入れながら、何が勝ち筋なのかを見極めていけるのです。

仮説志向という概念がありますが、新しい事業創造において、断片的なデスクトップ調査で得たインプットを議論で膨らませて作った仮説には何の価値も見出せません。世の中には、やらないとわからない、やればすぐにわかる、ということが多いです。やればすぐにわかることに対して、仮説志向と称して、議論に時間をかけるのは効率が悪すぎますので、早く安く失敗するルールが理にかなっているのです。

大企業の方々と一緒にＰｏＣを進めると、一回目の後に落胆の表情が見えるときがあります。きっと、初期ＰｏＣへの期待値が高すぎるからです。落胆している暇があれば、早く山を下りてください。そして何より底を脱するイノベーティブな仮説を見つけることに集中しなくてはいけません。ＰｏＣフェーズで落胆している暇はないことを肝に銘じましょう。

続けるＰｏＣ

ＰｏＣはいつまで続くのか。よく聞かれる質問です。結論を言えば、ＰｏＣはユニットエコノミクスが成り立つまで繰り返します。一人の顧客を獲得できるコスト（ＣＡＣ）と、その顧客がもたらすＬＴＶ（顧客生涯価値）のバランスを良く見ましょう。

シンプルには、ＬＴＶがＣＡＣを上回るかどうかを見る。上回るのであれば、コストをかけてどんどん拡大すればどんどん儲かっていく状態と言えます。これがユニットエコノミクスが成り立った状態であり、PoCフェーズの卒業要件になります。

ただし、実際に事業を回すためにはCACに含めていない固定費等の回収までが必要であるため、LTVがCACを相当上回る状態を作らない限り、当該事業は早い内に力尽きることになります。一般的にはLTVがCACの3～5倍になることを目指すことが推奨されています（逆にLTVがCACをさらに大きく上回るとCACを増やしてもっと積極的に顧客を取るべきという別の論点が生じます）。ただ、この数値はプロジェクトごとに慎重に見極めるしかありません。LTVがCACを確実に上回ったと判断できる状態までくれば、事業全体での黒字化を目指せる状態ですから、PoCは完成。つまりは、胸を張って投資の承認を得るための事業計画が書ける状態です。ここからは一気に拡大させる、素晴らしい瞬間です。

多くの資金と注目を集めながら、志半ばで散る企業がいます。この事象は確実にユニットエコノミクスが成り立ったとは言えない状態で資金を得て拡大を目指してしまったことで起きています。具体的には、資金を集め、顧客を集めないといけない焦りもあってか、CACとLTVがバランスする前に本格マーケティングを行ってしまったということになります。

もちろん、ユニットエコノミクスが成り立っていなくても、マーケティングをすればするほど顧客は集まるので、何契約突破という威勢の良い言葉を発することはできます。勢いを演出でき、それでさらに資金が集まるかもしれません。ただ、結局、事業とは売上とコストのバランスです。ＬＴＶがＣＡＣを大きく上回ってない状態での拡大は長く続かず、確実に破綻が待っています。

ＰｏＣフェーズでは、本格マーケティングは一切しない。これも鉄則です。行うマーケティングのすべてはテストマーケティング。最初はアイディエーションの延長として始まったＰｏＣが無償段階を経て有償段階へと進むと、そこから得た生きたインプットでイノベーティブな示唆、仮説が生まれ始めます。

ここでＰｏＣが仮説検証フェーズに切り替わるので、さまざまな検証を経ながらチューニングを重ね、最後のチャレンジに臨むことになります。それがユニットエコノミクスが成り立つか、です。サービス内容、売価、マーケティング手法、関連するオペレーションなど、すべての要素が最適に組み合わさったときに、ユニットエコノミクスが成立し、ここから本格ローンチを始めるのです。

議論好きのポジティブシンキング

ＰｏＣの実態を理解すると、ＰｏＣ前に考えられることと、ＰｏＣをすればわかることの比率が1：9程度であること、そして、ＰｏＣをすればわかることをＰｏＣ前に何時間も話すことの非効率さを理解できるでしょう。

あるクライアントと、魅力的な競争戦略を持ったある領域限定のＥＣを立ち上げるため、ひっそりとＰｏＣを始めることとしました。ＰｏＣを始めるに当たって、最初の商品ラインナップを決める必要がありました。通常の戦略コンサルタントであれば、まずは議論で何らかの軸を定めた上で候補を洗い出し、次は評価基準を決める議論を展開し、それが決まったら各商品の評価を議論し、そして最後に各商品を評価の高い順に並べ、どこまでをＷｅｂ掲載するかを議論する、という手順を採っただろうと予測します。

ただ、私の事業創造コンサルタントとしての考えは、どれがこのＥＣに相応しいのかは、ＰｏＣをやればわかることであり、そして何よりＰｏＣのＫＰＩは安く早く失敗することです。結論を言えば、この議論はほとんどしていません。誰かがこれがいいのでは、と言ったものを議論もせずに掲載していきました。考えて議論する時間に意味はないと考えたからです。

当然ながら、ＰｏＣ参加者が購入する／しないという形で、意味のある順位付けをしてくれました。そして、その結果から、さらには購入者にインタビューをしながら、こういう方がこういうモノをこういう意味で求めた、という解釈を進めることができました。あとは、その結果を持って、それならば、と別の商品をＷｅｂ掲載し始めればいいのです。これの繰り返し。拠り所のない議論は不要です。

ＰｏＣの結果だけを正しいインプットとして、そのインプットを持って次のＰｏＣに挑む。これが、ＰｏＣを回す、という感覚です。また、これが誠実に市場と向き合う、ということでもあります。「仮説志向」という考え方を学んだ人は事業創造において空回りすることが多いようです。どうしても足りないピースを思考で埋めようとする姿勢は正しいですが、手足を少し動かせばわかることを志向で埋めようとするのは、ただの議論好きに過ぎません。

大企業の事業創造チームがＰｏＣフェーズにやりがちな別の話を共有します。

大企業においては、事前ケースシミュレーションを繰り返し、リスクを排除することを叩き込まれています。そのため、ＰｏＣを行う際にもそのくせが抜けず、こんな場合はどうする、という会話がやたら多いのです。

その中でも、最も滑稽と言わざるを得ないのは、ＰｏＣの初期段階における「対応能力を超えるほどの申し込みが来たらどうするか」の議論です。これはポジティブすぎます。保守層がＰｏＣの段階から参加してくることはまずないし、何よりもＰｏＣを始める段階では馬鹿の山にいるので、理屈的にも経験的にも、爆発的な反響を受けることはありません。取らぬ狸の皮算用という言葉がこれほど当てはまるシチュエーションはないでしょう。

その他、無償ＰｏＣから有償ＰｏＣに切り替えた場合に多くのお金が入ってきたらその金額をどう扱うか、このＳＮＳがバズったら、などなど取らぬ狸の皮算用の例はまだまだ続けられます。

事業創造の道中において、楽しい想像はすればいいですが、このレースは短距離走ではなく、マラソンです。良いときも悪いときもあります。悲壮感を持って進めるよりも、楽しく進めたほうが長く続くとは思います。ただ、あまりにポジティブな絵空事を皆で議論するのは非効率でしかありません。

パワーポイント中毒

最後に、もう一つだけ、大企業の非効率エピソードを。

あるクライアントは、アイディエーション、ＰｏＣフェーズにおいても、担当の方が都度非常にきれいなパワーポイント資料を作っていました。聞けば、戦略コンサルタント経験者が多くいるチームということでした。

資料をきれいに作ることで、その後のコミュニケーションを円滑に進めることが可能です。特に大企業の場合は大人数でのコミュニケーションが基本となることから、資料作りに一定の工数をかけることは否定しません。前述したように、大企業で大きな動きを展開していく以上、必須の作業でもあります。

ただ、きれいな資料を作るべきタイミングは、決定的な事項を記すときだけで十分です。まだ目まぐるしく内容が動いている場合には、大人数でのコミュニケーションを円滑にという目的は存在しないし、率直に言って、パワーポイントが出る幕ではありません。

パワーポイントには、プロジェクトを進んだ気にさせる、情報を曖昧にするという負の面があるのです。このクライアントは、負の面が顕著に出ていました。アイディエーション段階で、非常に乏しい基礎情報で作ったアイディアを、あたかも決定事項にようにまとめることでプロジェクトが進んでいる気になっていたので、このパワーポイントを作る暇があったらもっと基礎情報を収集してほしいと頼むことになりました。

また、別のクライアントは、ＰｏＣの結果を都度綺麗なパワーポイントにまとめていました。報告のために必要なことはわかりますが、内部で話すときはサマライズしないようにお願いしたものです。特にＰｏＣフェーズの前半はアイディエーションの途中。顧客がどんな反応をしてどんなコメントを発したか、詳細な情報がほしいのです。正しく書かれたテキストが最も齟齬を起こしにくいので、情報が動くときのメンバー間のやり取りはテキストが良いでしょう。

スタートアップの話をすれば、パワーポイント資料とは投資家向けのプレゼン資料でしかありません。事業計画とはＫＰＩと数字のみで作られたスプレッドシートのみを指す場合が多く、私もスタートアップ時代は、何度も何度も更新するので、スプレッドシートにテキストと数字をひたすらに打ち込んでいました。図や絵は一切不要。むしろ、解釈を歪めないことが重要だったのです。

別の機会でも記載しましたが、スタートアップと大企業は抜本的に異なるため、スタートアップのやり方をそのまま取り込むのは是とはしません。ただ、コンサルタントを含めた大企業はほぼパワーポイント中毒であるのはいかんともしがたいものです。大企業の既存事業を運営していくために都合が良かったパワーポイントを、使う必要がない事業創造においても何の疑いもなしに使ってしまうような事態に陥ります。

繰り返しますが、事業創造プロジェクトの特徴は、情報が動くこと。だからこそ、構想書も事業計画書もＵｐｄａｔｅされる前提で作ると述べました。ミーティング資料で書いたことが明日のＰｏＣの結果でガラリと変わることもあるし、逆にそれくらいでないと、多くの収益を生む優れたビジネスになりません。変わり続ける情報を都度丁寧にまとめるのは非効率です。

戦略コンサルタントがここでも大量のパワーポイントを作るなら、それは時間をかければお金をもらえる準委任工数ビジネスにおいて、時間をかけたというエビデンスとしての側面が強いでしょう。アウトプットに自信のない戦略コンサルタントほど、誠意を尽くした証としてあらゆることをスライド化します。

３００ページの資料があったとして、実質的に価値を発揮しているのは何ページでしょうか。おそらく10％あれば良いほうです。ほとんどの資料は、調査会社が出しているレポートや、ＰＤＦで出回っている整理資料をこぎれいに転記したり、別のプロジェクトで使った資料をほぼそのまま転載しているだけになっています。

さらに言えば、市場プレイヤーをＸＸ型、〇〇型と整理したスライドや、コンサルタントが大好きな四象限へのマッピングも、コンサルタントとしては細部まで考え尽くした渾身の資料なのですが、事業創造の初期にはそんなに凝った資料は不要で、むしろ、ありのままの市場を恣意的に歪めて簡素化していると見なせます。

事業創造においては、複雑な状況をクイックにありのままに提示することが正しいことになります。前述の通り、工数に対する誠意を表現することが目的ならこぎれいなアウトプットは理解できますが、リアルに事業を創ることが目的ならば、それは誠意ではないでしょう。リアルな市場を相手に、イメージ図を描き続けても事業は創れないし、欲しい妙案も示唆も出てこないのです。事業創造チームは、コンサルタントも含めて、ＰｏＣを回す、市場を肌で感じるなど、市場と向き合う時間こそを大切にする必要があります。

事業計画書で示すべき14のこと

話を方法論に戻します。ＰｏＣが完了したら、ローンチ承認を得るために事業計画を最終

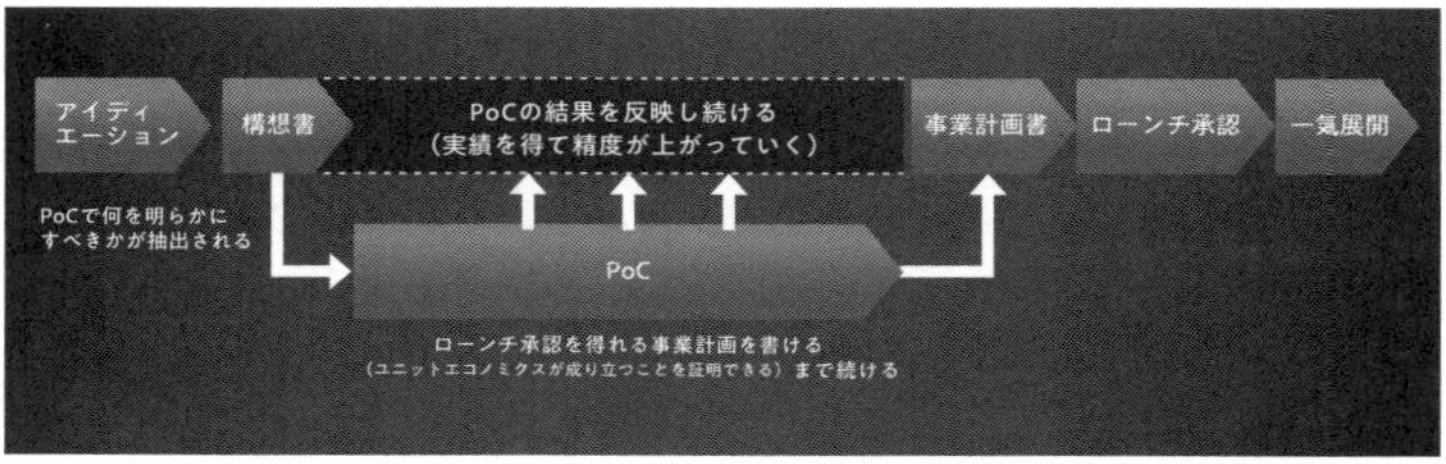

化しますが、ここでは事業計画書の記載内容について説明します。これまでに再三伝えているように、事業計画書はローンチ前に突然作るものではなく、アイディエーションが終わった段階で構想書としてまとめたものを、ＰｏＣをしながらＵｐｄａｔｅしていくことで自然に完成するイメージです。

事業計画書は主に二つのパートに分かれます。一つ目が戦略・方針を伝えるパート、二つ目が実行計画を伝えるパートです。具体的な項目を示すと、以下の通り。項番の１～８が戦略・方針、９～14が実行計画を伝えるものとなっています。

1　事業概要
2　外部環境分析
3　市場分析と本事業の戦略
4　顧客・ペイン・解決策
5　ビジネスモデル
6　収支計画
7　ＫＰＩ

8　機能戦略
9　人員・体制
10　会議体
11　ロードマップ
12　スケジュール
13　予算
14　リスク

一つずつ、記載事項の肝を確認していきましょう。

1・事業概要

今からローンチする事業はこんな事業である、ということを示すものです。淡々と記してもよいし、自社にとってのこの事業を行う意味や、社会にとってのこの事業の意味などを追加で記しても良いでしょう。

2・外部環境分析

一般的なＰＥＳＴ分析を行い、その結果を示します。ここで示したいのは、５～10年後の社会の方向とこの事業の方向が合っている、ということです。例えば、今からガソリン車にのみ使われる部品を製造する事業を行おうとします。市場内で勝機があったとしても、少なくとも政治（P）の観点では、非ガソリン車への転換が試みられています。となると、今からガソリン車にのみ使われる部品の事業を始めてよいのか?という話になるでしょう。こういった長い目で見た際の論点がないかを確認することが、ここでの目的です。

引き続き円安が続きそう、高齢者の割合がここまでになる、モノ消費より体験消費が重視されそう、AIがここまで実現できそう、というように、PESTの観点から5～10年後の社会を読むのです。今から始める事業に関連の強いものにフォーカスして、今から始める事業を念頭に置いた社会を読むことが重要です。当該事業に対してさまざまな向きに吹く風を予測し、トータルとしてはGOすることが合理的だ、と言えると良いでしょう。

3・市場分析と本事業の戦略

今から始める事業が属する業界の3C分析を行い、その結果を示します。ここで示したいのは、市場の状況、競合、自社の状況から見て、こうすれば高い確率で十分な利益を上げることができる、ということです。市場については、市場規模の推移、トピックを並べることで、直近1～3年の市場規模・動向を読めるでしょう。競合については、主要な競合プレーヤーを抽出し、各プレイヤーの特徴と仕掛けようとしていることを並べることで、市場に合わせて誰がどう動くのかを読むことができます。そして、その状況に既存アセットを十分に含めた自社の強みとＰｏＣの実績を並べることで、自社が狙うべきポジション及びそのポジション到達のためにやるべきことを示せるのです。

ここがまさに事業戦略ということになりますが、この戦略策定をクリエイティブな作業にしてはいけません。クリエイティブな作業から生まれた戦略は絵餅になります。地道に得た情報と、ＰｏＣの結果を丁寧に並べることで、この状況を考えればここに向かうことが当然合理的、という結論を導くことができます。このような事実をベースとした結論の導き方でないと、大企業は動けないし、逆説的にはこのような結論を導くためにＰｏＣを続けていきます。

4・顧客・ペイン・解決策

本事業の顧客（ペルソナ）と、その顧客が持つペイン、そして解決策を示します。前述の3Ｃで示しているのは、全体戦略・方針であり、それが現実にワークすることを示すのがこの項目です。私の体験では、この項目がない事業計画書が多い印象です。これがないと、後段で出てくる収支計画を含め、全体として具体性に欠ける計画になります。この項目は事業計画全体の確実性を上げる上で非常に重要な項目です。ＰｏＣを続けて、その業界にしっかり浸かって、初めて書けるものなので、スキップされがちなのかもしれません。

ここで具体的な内容を紹介します。まず、その業界にいる全顧客を複数のペルソナに分けます。Ａ～Ｊまでの10種類のペルソナができたとしましょう。その中で自社の顧客が、ペルソナＢ、Ｅ、Ｉ……であることを明記します。そして、対象とした各ペルソナのペインを特定し、さらには自分たちのソリューションを提示します。３Ｃから導いた戦略を採った結果、これらのペルソナが顧客になることを示します。逆に言えば、これらのペルソナを顧客とすることで、３Ｃで定めたポジションに陣取れることを示すことになります。

5・ビジネスモデル

主要なお金の流れになります。上記で定めた顧客からどういう流れで自社にお金が入るのか、そのために自社から流れていくお金はどういったものなのかを示します。変数が減るという意味で、シンプルなモデルであることが望ましいです。

6・収支計画

前述のビジネスモデルの流れに沿って、どれくらいの売上が入ってくるのか、原価、販管費のそれぞれがどれだけになるのかを具体的に算出します。後述の8・機能戦略や、9・人員・体制パートの内容とも整合性が取れているようにします。この内容が、大企業を動かすために必要な「儲かるか」の問いに答える極めて重要な部分になるのですが、実務的な話をすると、この内容はスプレッドシートで作り込みます。会議資料の体裁としては、全体を記したパワーポイント資料が主で、このスプレッドシートはその添付資料という位置づけとなりますが、GO／NO GO判断という目で見ると、このスプレッドシートが主で、パワーポイントファイルが添付資料というイメージのほうが合っています。

「儲かるか」という重要な問いに関する答えはすべて、PoCに裏打ちされたもので答えましょう。妄想でタイピングしないでください。実際に収支計画を書いてみようとするとわかりますが、PoCなしで書いてみると、書いた本人が一番、妄想の塊であることがわかるものです。ほぼ100％を妄想で書くことになります。CACとLTVの精緻な算出などは妄想でも行いづらいことなのに、これを仮説志向とは言えません。少なくとも、大企業で事業を進めるかどうかの判断には使えないでしょう。先ほど、PoCはユニットエコノミクスが成り立つまで続けると述べましたが、事業計画を策定するという目線で言い換えると新たな事業を進める承認を得られる事業計画書を書けるようになるまでPoCを続けます。

最終的に収支予測はポジティブ、スタンダード、ネガティブの3種類くらいのモデルを作って、おおよそこの程度の収益となる、ということを示すことが多いですが、この規模が不十分なものにならないようにアイディエーション段階から規模にはこだわり続けます。なお、この予測の精度は前述の項目4で顧客をペルソナごとに分けているかどうかでずいぶん変わります。業界の顧客が1000万人いたとして、それをそのまま1000万人として扱うのと、実際の自分の顧客はこのペルソナ80万人と、このペルソナ100万人だから、と考えるのでは精度が全然違います。もちろん、各ペルソナに実際の顧客になっていただくための時間もかかります。

これもPoCを行うことで書けるようになるのですが、収支計画の精度を高めるという作業、つまりは他人にとってどれだけ合理的であると思える計画を作れるかということは、妄想で作る変数をどれだけ少なくできるか、ということに他なりません。PoCを通じて、どれだけ手ごたえのある実績データを掴めるか、それのみが収支計画の精度を決めるのです。

一度大企業を動かし得る、完全と思える収支計画を作ってみれば、新たな事業創造のプロセスにおいて、PoC前に事業計画を作って、それでローンチに向けた大きな承認を得ようとすることがどれほどあり得ない行為であるか、心底わかるはずです。

7・KPI

収支計画の中で肝になる指標を抜き出し、それをKPIとして設定します。例えば、あるBPOサービスの収支計画を作ると、退職率や担当者一人が受け持てる案件数によって、大きく収支が異なることがわかりました。こういった収支にインパクトのある数字をKPIとして設定します。

KPIという概念は定着していますが、収支計画から導きだされるもの、収支計画と連動するものという意識を持てていない方も多いような気がしています。

8・機能戦略

KPIを達成するために、各機能（研究開発、設計、調達、生産、マーケティング、営業、保守、経営企画、財務、会計、総務など）が何をするかを示していきます。ここに記載される内容も既存アセットの生かし方そのものです。既存事業にて作られた各機能を存分に活用してKPIを高く達成する計画を立てましょう。もちろん、いずれの機能においても、戦略・戦術があるべきですが、実際は機能ごとに随分濃淡があるはずなので、それはそのままに記してください。例えば、ある重要なKPIを物流部門が担っているとすれば、物流機能欄には事業の成功に向けて重要な内容がびっしり書かれるし、あるコーポレート部門は淡々と進めるのみでよければ、通常通り回していく、の一言の記載で良いでしょう。

9・人員・体制

ここからは、実行計画を示す部分となります。ここでは、おおよそどれくらいの人員・体制で当該ＫＰＩを追ったオペレーションを回していくかを示します。

10・会議体

ＫＰＩの結果をモニタリングしていく、またはＫＰＩ達成に向けた行動を決めていく会議体を記します。

11・ロードマップ

ここまでの内容を踏まえた上で、1年後、3年後、5年後の姿を示します。社内の関係者全員が共有する道標になります。

12・スケジュール

ロードマップを念頭に直近1年程度のスケジュールを提示します。

13・予算

収支計画で明らかになっていれば不要な項目ですが、改めて当面の予算を示します。

14・リスク

最後に、この事業の推進が抱えるリスクとその対処方法について記します。

これが大企業でローンチ承認を得るための事業計画書です。多くのプロジェクトがアイディエーションを終えると、無意識に事業計画書を作ろうとし、承認者もその指示を出します。戦略コンサルタントも、「勝てるか」「儲かるか」「できるか」という古い呪文を唱えながら、事業計画書の策定を促すでしょう。

ただ、具体的な項目を並べてみれば、アイディエーション直後のＰｏＣ未実施段階で、経営層を納得させ得る確度の高い事業計画書は作れないことがはっきりとわかります。それでも、仮でいいから何かを書かないことには活動自体が進まない実情がある場合も十分に理解しています。しかし、早い段階で精緻な事業計画が必要になるのは、いきなり大きな承認を求めるからであり、これが新規事業版「悪魔の証明」へと続く一本道なのです。

ＰｏＣ前はＰｏＣに進むことだけを求める構想書をひっそりと作るべきです。もちろん、事業計画書の提出が公式ルールならば、それに沿う必要があるでしょう。最も真摯なのは、ここが埋まらないと断った上で、提出すること。そして、ＰｏＣで、ここを埋められるようにしたい、という言葉を添えることです。

何でもいいから出せと言われるケースでは、どういう内容を出すことが、ＰｏＣの開始につながりやすいかを考えてその通りに出してください。そのルールにおいては、もはや精度の問題は二の次だと判断します。大企業が弱い最初の部分は、波風を立てない柔軟性が必要です。余計な議論で分があるのは既存事業を前提にルールメイキングしている側になります。前半部分で立ち止まらないようにしてください。一度ＰｏＣが始まれば、プロジェクトはどんどん前に進められます。一度、Ｐ（プラン）とＤ（実行）を行ったなら、Ｃ（チェック）とＡ（アクション）を繰り返したくなるのも大企業の習性です。大企業は始めたことをすぐにやめることを美徳としません。最初でつまずかないことを切に願います。

事業創造チームは魔法の装置ではない

大企業の事業創造チームを支援していると、いつの間にか自らがアイディエーションし事業を興すチームから、事業部の新たな取り組みを支援するチームへと社内の立場が変わっていくことがあります。それ自体に良し悪しはないのですが、そうなることで起きる良くない事態があるのです。

既存事業の上手く行かないアイディア、取り組みを、事業創造チームに押し付ける構造が生まれることです。既存事業側に悪気はあるとは言いません。新しいアイディア、取り組みに困っていて、その中で新たな事業創造を専門にしたチームができます。何でもできるというコンサルタントもいると言います。頼りたい気持ちが芽生えるのは自然でしょう。そして、さまざまなネットワークを使って依頼を試みるのです。

受け取る方の気持ちもわかります。事業創造チームという、既存事業側からみると浮いた組織として発足した後に、既存事業から相談話を持ち掛けられて無下にすることは日本企業の文化の中で考えにくいです。二人三脚での取り組みを進め、事業創造チームが、既存事業側の組織とも上手くなじんでいくことを目指します。

ただ、重要なことは、事業創造チームは入れるものすべてを花に変える魔法の装置ではない、ということです。私の体験から生まれる邪推では、可能性が残っているアイディア、取り組みであれば、既存事業部がそのまま進めているのです。浮いた組織に話を持ち込まないでしょう。相応に行き詰っているから話を持ち掛けるのです。

事業創造において、種の選び方が重要であることは間違いありません。花が咲かない種を選んではいけません。巷の思考法は、ポストイット、ホワイトボード、そしてこの思考法があれば、いかなる種でも花が咲くと喧伝しています。その結果が千三つではないでしょうか。事業創造チームは誰よりも市場というリアルな存在と向き合うチームでなくてはなりません。誰かが行き詰っているなら、誰がやっても高い確率で行き詰ります。

話を聞かないということではありません。むしろ話をじっくり聞く。細かく聞く。調べる。フェーズに合わせて、まずは数歩踏み出しても良いでしょう。ただ、行き詰るものは行き詰るのです。撤退基準につながるテーマですが、事業規模が一定以上にならないとわかったもの、既存アセットが使えないとわかったもの、そして、ユニットエコノミクスの達成に向けた各種のKPIに対して次につながる示唆または次に試したいことが出なくなったらその事業創造は終了です。サンクコストを気にしてはいけません。潔く終了しましょう。

プロジェクトを管理する側は、規模、アセットの使い方、そして、次はどのKPIを論点としたPoCを行うのか、を都度確認していけば事業創造プロジェクトも適切に管理できるはずです。当然ながら、アイディエーションと初期PoCを慎重に進めていけば、撤退を論じる事態にはなりにくいもの。したがって、外から持ち込まれたものの方が撤退議論の遡上に載りやすいでしょう。どんなアイディアも、どんな技術もたちまち大ヒットさせる魔法の方法論は存在しません。事業創造チームは市場と向き合い、自分たちを過信しないチームでもあるべきです。

解は市場にのみ存在する

ビジネスとは、利益額を競うゲームです。そのために必要なことは売上を増やすことと、コストを下げることです。売上を増やすには、購入者数を増やすか、単価を上げていくしかありません。購入者数を増やせば、単価は低くなりやすくなります。

逆に単価を上げようとすると、購入者数が限られます。コストを下げれば、品質が悪くなり、売上に影響します。コストを上げれば、価格も上げなくては利益がなくなります。

このように、バランスを問うゲームなのです。そして、このゲームの面白いところは、変数が多く、フィールドに立たなくては頼れる方程式を獲得できないことです。また、折角、手に入れた頼りの方程式も時間が経てばいつの間にか変わってしまうのです。

人間が直接的な原因になることもあるし、自然が原因になることもあります。近い存在が起こす変化もあれば、遠い存在の変化がバタフライエフェクトとして影響することもあります。それが面白くて、地球上の多くの人たちがこのゲームの虜になっています。

多くのゲーム同様に、このゲームも全プレーヤーをフェアに扱います。立場のある人間が推測したからといって、その通りに市場は動かないし、頼りない新入社員が言ったからといって、その事態を避けるようなこともしません。ゲームの主は、最難関の大学を主席で卒業した者であろうが、生真面目とは言えない生き方をしてきた者であろうが、完全に平等に扱います。

前述しましたが、既存事業を対象に戦略策定を支援する際は、実行者と話すことが最も価値のあるインプットとなります。長い年月をかけて市場と対峙されている経験談であり、それが大事なのです。

ただ、新たな事業創造となると、価値ある会話の相手は市場そのもののみとなります。自らが市場と直接向き合わなければなりません。クライアントとコンサルタントという市場を知らない者同士で会話を重ねる行為は無価値です。両者で資料を作り合って喜び合うこともまったく意味がないでしょう。コンサルが取れる情報と、自身で取れる情報にたいした違いはありません。もともとの基礎知識量の違いも五十歩百歩でしかありません。

本当に価値ある情報は市場と会話し取らねばなりません。市場との会話なしにこのゲームは解けないのです。市場に向き合う前に計画に力を入れる行為はゲームに参加したことがない人がそのゲームの攻略本を作っているような状態です。早くゲームを始めましょう。

そして、「自身のチームは市場と向き合えているか」。事業創造に関わる限り、この一点をずっと問い続けてほしいのです。

大きな事業が創られますように。

まとめ

第5章　大企業の事業創造における神髄ポイント

▼アイディエーションにおける12の観点

「人は検討対象を狭く絞ったほうが、確実に、深く考えることができる。アイディエーションのこつは考える幅を狭めて、さまざまな観点を一つずつ検討、確認していくことを複数周繰り返すこと」

本書籍では事業創造のアイディアを得るための12の観点を提示しています。これらの観点も使って、アイディアを絞り込んでください。

▼地道なクリエイティビティ

「何も情報がない状態で云々悩んでも、議論してもアイディアは出てこない。各自が数時間、いくつかの大規模な業界の市場規模推移、主要プレーヤー、業界トピックや、社会全般に共通するテクノロジー、トレンド、規制緩和の情報を調べるだけで、ブレストの質が信じられないくらいに上がる」

発想は生まれつきのクリエイティブな感性から突然溢れ出てくるものではなく、持っている情報から出てくるものです。本当に成功すると思えるアイディアを出したいと思えば思うほど、基礎知識の量と質を上げ続けなければいけません。

▼アイディアの質を決めるペルソナの解像度

「多くの大企業はペインを考える前段階のペルソナの設定が緩い。ペルソナの設定が緩いと、そのペルソナが持つペインの特定が緩くなり、緩いペインからは緩い解決策しか出てこないので、結局、アイディア自体が緩くなる」

緩いアイディアに共通する大きな課題の一つが、アイディアに乗ってくれる顧客の顔が見えないことです。聞き手と醸成したいのは、確かにこういう人たちならこういうペインを抱えていて、このアイディアに乗ってくれるだろうという共感です。したがって、このアイディアの対象となるペルソナはどういう人たちなのか、その人たちが持っているペインはどういうものなのか、それを解決するアイディアはどんなものかを一つずつ具体的にしていく必要があります。

▼構想書の目的は自己点検

「構想書を作りながら二つの重要な点検を行う。一つは事業規模が十分であるかどうか。もう一つは既存アセットを生かせるか。特に前者については、後から騒いでもどうにもならない属性のものであることを理解し、入念に確認する」

構想書を書く公の目的はＰｏＣ承認を得ることですが、自己点検も大きな目的の一つです。なお、構想書はくれぐれも大風呂敷を広げずに書きましょう。馬鹿の山の頂上で大騒ぎし、徐々にフェードアウトし、あんなことを言っていたチームもあったなとなることが最悪ですので、この時点で注目を集めることは不要です。

▼ビジネスの常識を思い出す

「規模を追求したい大企業が狙う領域はホワイトスペースではない。大企業のアイディエーションはどこに覚悟を決められるか」

ビジネスにおいて担う役割が大きければ大きいほどにリスクが大きくなり、大きなリスクを背負うからたくさんのお金が回ってくるのです。大企業は、今一度、ビジネスの基本を思い出し、より多くの人が参加し、多くのお金が回っている業界で、しっかりとリスクを取ったビジネスを展開して稼がなくてはいけません。

▼馬鹿の山の下り方

「馬鹿の山はできるだけ早く下りなくてはいけないが、下り方はＰｏＣをやり続けるだけ。そして、馬鹿の山を早く下りるためのＫＳＦは、安く早く失敗すること。大企業の方々は、失敗しないやり方を叩き込まれているが、ここでは最も安く、最も早く失敗できたプレーヤーが勝つ」

ＰｏＣの前半はまだアイディエーション段階であり、仮説を構築している段階です。机上でつくった仮説がそのまま上手くいくわけがありません。馬鹿の山の頂上にいるだけです。ＰｏＣを繰り返して、馬鹿の山を下りながら、手ごたえのある仮説を手に入れると、そこで初めてＰｏＣは多くの人が認識する仮説検証に姿を変えるのです。

▼続けるＰｏＣ

「ＰｏＣはいつまで続くのか。ＰｏＣはユニットエコノミクスが成り立つまで繰り返す。その状態が、承認を得られる事業計画書が書ける状態でもある」

仮説検証が目的になったＰｏＣの最後のチャレンジはユニットエコノミクスが成り立つか、です。サービス内容、売価、マーケティング手法、関連するオペレーションなど、すべての要素が最適に組み合わさったときに、ユニットエコノミクスが成立し、それを事業計画書に書き込み承認を得た上で本格ローンチを始めるのです。

▼議論好きのポジティブシンキング

「大企業は事前ケースシミュレーションを繰り返し、リスクを排除することを叩き込まれているため、ＰｏＣを行う際にもこんな場合はどうする、という会話を繰り返す」

ＰｏＣの正しい回し方はＰｏＣの結果だけを正しいインプットとして、そのインプットを持って次のＰｏＣに挑むことを繰り返すことです。手足を少し動かせばわかることを議論で埋めようとするのは、ただの議論好きに過ぎません。

▼パワーポイント中毒

「きれいな資料を作るべきタイミングは、決定的な事項を記すときだけで十分。まだ目まぐるしく内容が動いている場合には、大人数でのコミュニケーションを円滑にというきれいな資料を作るべき目的は存在しないし、率直に言って、パワーポイントが出る幕ではない」

事業創造プロジェクトの特徴は、情報が動くことです。だからこそ、構想書も事業計画書もＵｐｄａｔｅされる前提で作ります。ミーティング資料で書いたことが明日のＰｏＣの結果でガラリと変わることもあります。変わり続ける情報を都度丁寧にまとめるのは非効率です。

▼事業計画書で示すべき14のこと

「事業計画書はローンチ前に突然作るものではない。アイディエーションが終わった段階で構想書としてまとめたものを、ＰｏＣをしながらＵｐｄａｔｅしていき、事業計画書として完成できた段階でＰｏＣを終え、それにより最終的なローンチの承認を得る」

本書では14の項目から成る事業計画書の記載内容を解説しました。ご参考にしていただき、事業計画書を完成させてください。

▼事業創造チームは魔法の装置ではない

「事業創造チームは誰よりも市場というリアルな存在と向き合うチーム。どんなアイディアも、どんな技術もたちまち大ヒットさせる魔法の方法論は存在しないことを誰よりも理解するべき」

事業創造において、種の選び方が重要で花が咲かない種を選んではいけません。巷の思考法は、その思考法があれば、いかなる種でも花が咲くと喧伝していますが、種のほとんどが咲かない種です。事業創造チームは市場と向き合い、自分たちを過信しないチームでもあるべきです。

▼解は市場にのみ存在する

「本当に価値ある情報は市場と会話しながら取らねばならない。市場との会話なしにビジネスというゲームは解けない」

事業創造における唯一の会話相手は市場です。市場がすべてを決定します。「自身のチームは市場と向き合えているか」。事業創造に関わる限り、この一点をずっと問い続けてほしいのです。

おわりに

本書を最後まで読んでいただいたことに、心からの謝意を述べます。

大企業の事業創造について説明してきました。伝えていることは非常にシンプルです。大企業の特性やポテンシャルを知ってほしいこと、スタートアップの真似をしてもしょうがないこと、大企業にしか狙えない領域・パターンを狙ってほしいこと、大企業の特性を踏まえたやり方で進めてほしいこと、市場と向き合うことで机上ではなくリアルな事業創造を目指してほしいこと。これらがコアなメッセージです。

戦略コンサルタントとの関わりに多く触れたのは、新たな事業創造に関しては、戦略コンサルタントに丸投げしても上手くいかないことを伝えたかったからです。そして、実際に事業を立ち上げるためのポイントを余白の限りで書き記しました。

本書を出版することになり、改めて類書を読み漁りました。この分野について、錚々たる陣容がいくつもの書籍をまとめています。それにも関わらず、大企業の事業創造が上手くいかないのはなぜだろうかと考えました。その結果、本書ではできるだけ率直な思いを述べることにしました。想定読者の柔軟な理解力に助けていただくことを前提に、語弊を恐れて伝わらないよりも語弊を恐れず伝わることを意識した内容になっています。出版社である幻冬舎様のアドバイスを踏まえて、How to を並べる前に、上手くいかない根本的な理由、理屈、上手く進めるための決定的な考え方を丁寧に書き記しました。世の中、成るべくして成っていて、事業創造の失敗も成るべくして成っているというのが私の持論です。

それともう一つ、本書を書くに至った決定的な理由についても触れさせていただきます。本編でも書いた「千三つ」という言葉が、私を含めたコンサルタントの事業創造における無知さを物語っていると思います。

1000のうち、997も失敗するものの支援に、お金をいただいていいとは思えません。どこか異常な職業だと感じている部分もあります。実際、私には後悔の念を抱かざるを得ないプロジェクトがいくつかあります。スタートアップ経験前にリードした大企業の新規事業創造プロジェクトの数々です。

あのとき、なぜあのアプローチを採ったのか、なぜあんなことに工数をかけたのか、なぜあのときにあの提案ができなかったのか、そこには後悔しかありません。私が上手くやれていれば、クライアントはもちろんのこと、そのクライアントが創り出す新たな事業の顧客だった方々も含めて、もっと楽しく生活できていたかもしれないと思うと胸が痛いのです。今の知識でもう一度あのプロジェクトに関わらせてもらえたらと考えるものの、時間は巻き戻りません。プロジェクトは一期一会です。

身の上話を続ければ、スタートアップ経営者に転身してからも、しばらくの間は上手くいきませんでした。アイディエーション時は最良だと盛り上がった企画について、ＰｏＣ後には悔しい思いに溢れ「こんな企画はもう二度とやらない」と誓いながらＰｏＣ現場を後にしたこともあります。結局のところ、かつては何もわからずに事業創造プロジェクトを進めていたわけです。

そして、本編でも書いた通り、スタートアップ経営者としてもがくうちに、事業創造の基本的なメカニズムを理解し始め、大企業とスタートアップの違い、大企業のみが大きな事業を創造できる存在であることに気がつき、そこからはやっとピースがどんどん埋まっていくように理解が深まりました。気がつけば、初めて本格的に事業創造支援をさせていただいてから約10年が経過していたものです。

大企業の事業創造は難しいテーマです。大企業においても、大企業の歴史を考えれば、まだなじみの薄いテーマと言えるし、コンサルタントの業界においても、まだまだ歴史が浅いテーマであります。大企業側も、我々のような支援する側も、どんどんと知見を付けていく時期ではないでしょうか。

本書は、私自身の大企業社員、大手コンサルティングファームの戦略コンサルタント、スタートアップ経営者、事業創造の専門家としてのすべての経験をミックスして書き連ねたものです。これが類書とは異なる価値を生み、皆で知見を付けていく際の一助になれば幸いです。本書が一人でも多くの方々に届き、一文でも多くの文章が何かの閃きのきっかけになることを願っています。そして、大企業の皆様が新たな事業創造領域において、数々の偉業を成し遂げることを願って筆を置くこととします。

株式会社エニストラテジー
代表取締役　前出　貴則

〈著者紹介〉
前出貴則（まえで たかのり）
新卒入社した㈱NTT ドコモにて、事業計画策定、サービス企画業務を担当した後、新サービス立ち上げ、業務・組織効率化、スマホ導入等の数々の全社プロジェクトをリード。アビームコンサルティング㈱に移り、中計・成長戦略・事業計画策定、新規事業立ち上げプロジェクトを多くマネージ。
独立し、大企業、スタートアップにコンサルティングサービスを提供しながら、自らも社会性と経済性の両立を目指した、こども向け事業を立ち上げ。幼稚園・保育園を対象としたオンライン国際交流サービスにて、Baby Tech Award Japan 受賞、OMEP（70 か国に支部を持つ、ユネスコ下部組織）主催のグローバル ESD Award 受賞、東京都からはイノベーション事業指定を受ける。自ら執筆した絵本をベースとした、こども向けの SDGs プログラムも開発し、こどもたちに SDGs の価値観を広げる活動も展開。こども向け事業を継承し、事業創造を主領域としたブティックファーム㈱エニストラテジーを設立。中長期にわたる大企業の新規事業立ち上げ支援、大企業同士の合弁会社設立支援、大企業の BDD（ビジネスデューデリジェンス）支援、IPO 直後の企業の拡大戦略実行支援等を実施中。

大企業《だいきぎょう》×事業創造《じぎょうそうぞう》の神髄《しんずい》
—結果請負人《けっかうけおいにん》が教《おし》える大企業《だいきぎょう》向《む》け新規事業《しんきじぎょう》立《た》ち上《あ》げメソッド—

2025年2月28日　第1刷発行

著　者　　前出貴則
発行人　　久保田貴幸

発行元　　株式会社 幻冬舎メディアコンサルティング
〒151-0051　東京都渋谷区千駄ヶ谷4-9-7
電話　03-5411-6440（編集）

発売元　　株式会社 幻冬舎
〒151-0051　東京都渋谷区千駄ヶ谷4-9-7
電話　03-5411-6222（営業）

印刷・製本　中央精版印刷株式会社
装　丁　　弓田和則

検印廃止

ISBN 978-4-344-69199-5 C0034
幻冬舎メディアコンサルティングＨＰ
https://www.gentosha-mc.com/